大展好書 好書大展

大展好書 好書大展

超現實心靈講座

13

啓發身心潛力
心象訓練法

栗田昌裕／著
李玉瓊／譯

大展出版社有限公司
DAH-JAAN PUBLISHING CO., LTD.

序　言　啓發驚人潛力與靈感的心象力

想像的行為隱藏著驚人的力量。因為，它不但具有使人萎靡不振、抑制行動的功能，亦具有使人高亢、發揮異於往常的神通或驚人靈感的作用。

這表示，想像是人類能力的「增幅裝置」。

但是，世間百態，有些人擅長操作想像的增幅裝置，有些人卻操作錯誤。而在操作中的人，又有未完全操作者，以及充分操作的差別。您的情況如何呢？

我們若要健康愉快地度過幸福美滿人生，提高描繪想像的能力是非常重要的。

它不僅是使想像力、創造力、洞察力活性化，若能活用心象力，將能過著「開朗、愉快、舒適」的生活，且更深入地體驗「人生」。

因此，若要充分地發揮我們所隱藏的潛力、獲得更豐富的人生，無庸贅言地，從平日必須鍛鍊且拓展心象能力。

一直以來，我提倡*SRS*能力開發法，在此展開的是把心力功能做最大發揮的方法論。本書的第一章將做詳細說明，而此能力開發法中，分為八大部門，其中使心象能力發達的部門稱為心象法。

各位如果能獲得臨機應變地描繪鮮明心象的能力，即可完成心理開發的最重要階段。心象能力也是確立心力範疇的有用方法論，可以藉此自由地拓展其他部門的速讀法、瞑想法、記憶法、氣功法等的「豐富觸角」。

本書引用在各地參加SRS心象法講座者的發人省思的經驗談，如果各位也能做為參考並付諸實踐，筆者確信心象的描繪將比現在更上層樓且豐富許多。

請利用本書喚醒沉眠於潛在意識深處的無限能力，沉澱於深奧意識裡側的各種經驗、想念，在日常生活中充分地給予活用。

各位在閱讀時若能隨時遵照本書所介紹的六十三種訓練指示，做鮮明而實際的心象描繪，相信各位的心象能力會有驚人的成長，平日的生活有顯著的改善，過著更「開朗、愉快、健康」的人生。

尤其是自感具備實力卻無法全力發揮的人，或總覺得無精打采、身體容易疲憊的人、自律神經失調症的人、容易積蓄壓力的人、渴望百尺竿頭更進一步的人，在此所介紹的心象法是最適合不過的。

接著，請各位和我一起進入愉快的心象能力的世界，做有趣的探險吧。

請利用本書喚醒沉眠於潛在意識深處的無限能力、沉澱於深奧意識裡側的各種經驗、想念，在日常生活中充分地給予活用。

目　錄

1 利用此項暖身運動增強心象能力十倍！

2 喚醒隱藏潛力的驚人心象訓練

3 做此訓練立即回復健康

4 嶄新能力甦醒的十二種心象旅行

5 充滿氣力的光的心象訓練

6 保證擁有美妙未來的心象訓練

1 利用此項暖身運動增強心象能力十倍！

心象訓練的五大效果

誠如「序言」中所述，對人類而言，心象能力隱藏著相當奇妙的功能。筆者在提倡SRS能力開發法時，有機會指導獨創的心象訓練。根據各聽講者個人的體驗，從中做分析的結果，發現心象訓練的顯著效果，可大致區分爲以下五個種類。

第一是對身體的效果，身體回復元氣、體力增強。

第二是對內臟的效果，內臟機能復甦、湧現活力。

第三是對感情或情緒的效果，情緒舒爽、充滿氣力。

第四是對語言能力的效果，構想靈活、提高記憶力、思考力。

第五是對潛在意識的效果，心胸寬闊、性格及行動變得開朗而積極。

根據筆者個人的想法，人的心理機能如次頁圖所示，可分成六類。心象能力也是其中之一，而心象的機能若能給予適切的活用，應可以對其餘五種心理機能，帶來強力的影響。

1. 利用此項暖身運動增強心象能力十倍！

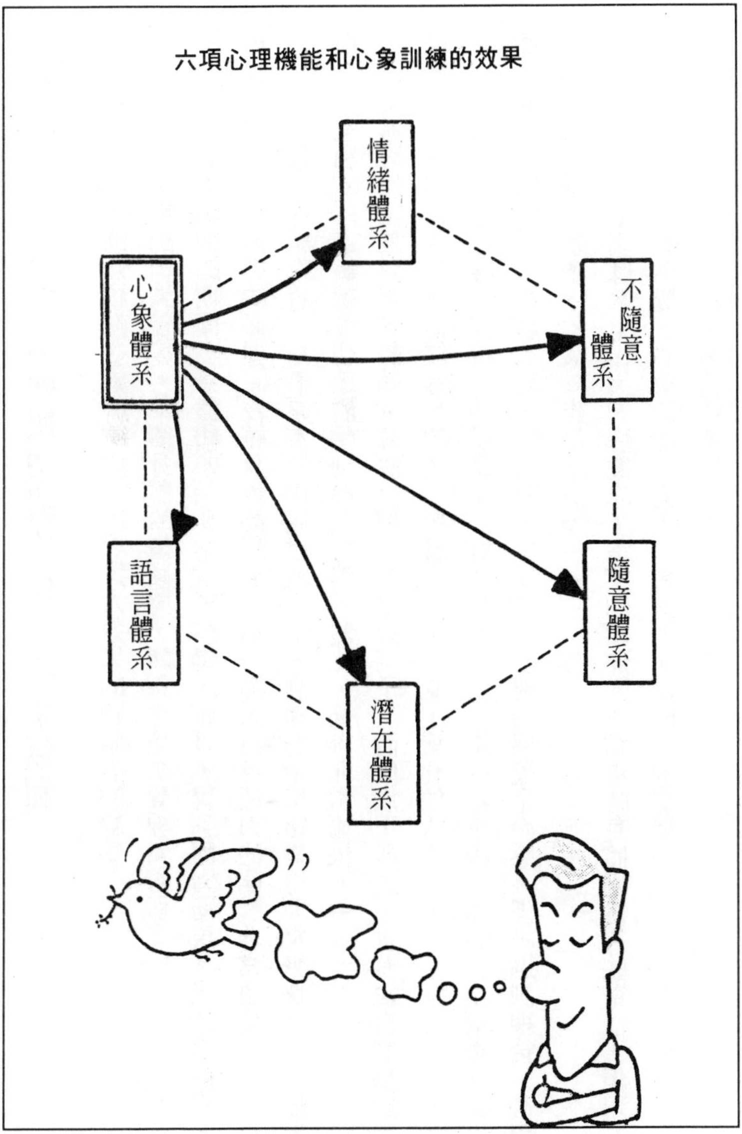

〈經驗談〉心象訓練使情緒放鬆、心平氣和

首先，爲各位介紹在心象訓練中，出現驚人效果的聽講者的經驗。

「接受心象訓練講習後，除卻身體的僵硬感，飄飄然地感覺非常舒服。」

「在心象訓練的期間，身體和頭腦非常清晰順暢，確實感覺到體力湧現。光憑這一點，自覺有增加心象能力的必要。我確實地感覺到，這一點對自身能力的開發非常重要。」

「心象訓練結束時，左手原本的疼痛已消失了。訓練途中情緒變得非常爽快，全身放鬆而心平氣和。透過訓練深切地體驗到與大自然一體化，覺得非常愉快。」

上述可以說是對隨意體系（身體）帶來效果的例子。而像以下所述，也有親自體驗到呈現對不隨意體系（自律神經等）的主要影響，出現感覺上變化的人。

「訓練中心象擅自獨行，彷彿是做了好夢般的心情。訓練結束後，頭腦完全清晰。而在做心象訓練的途中，身體感到一陣溫熱，以前皮膚主要的感覺是冷感，但經過訓練後，發現感覺有所改變。頸項上的酸疼也舒緩許多。」

「來到心象訓練教室後，剎那間忘了宿疾的腰痛。快結束時身體覺得有些奇怪，但現在已沒有任何疼痛的感覺。心象訓練的途中，當氣力充滿時，感覺體溫似乎也上升。」

接著是自覺在氣氛、感情或情緒面上有變化的人。

「訓練中感覺非常舒服。我發覺似乎已找到對心象方法擁有自信的管道。肩硬化也紓緩許多。」

「俗話常說『心地寬廣』或『心地狹窄』，實際做心象訓練之後，深切體驗到我們的心是那麼地廣闊，隱藏有千變萬化的可能性。而且，感覺以往未曾意識到『有』的自身的每個機能的存在價值，由衷地感謝。在講習中從做『想起訓練』階段開始，全身完全投入，已忘了今天早上渾渾噩噩的心情（………已回復樸實的自我）」。

改變潛在意識、語言能力而改革人生

心象訓練對潛在意識也能帶來效果，具有改變作夢品質的機能。事實上有多數的聽講者，提出報告說做訓練後作夢的方式一再地改變。其中最顯著的是，夢中的鮮明度及色彩的改變。這些變化即表示，心象能力在潛在意識的層面上也會造成效果。

此外，心象訓練也會連帶地出現提高語言能力的效果。根據我們的結果，每次做適當的心象訓練時，心理領域會自動調整，增加接收情報的寬幅，提高讀書速度。因此，心象訓練通常有效地應用於，效率性習得SRS速讀法，獲得高於以往十倍以上的速讀力。

利用心象訓練，對潛在意識造成作用時，日常生活中對事物的掌握方式也有所改變，同時也會體驗到性格上的變化，或對各式各樣邂逅所採取的行動變化。其中的累積不久將成為促使人生產生重大變化的源頭。

請各位實踐第二章以後所介紹的六十三種訓練，親自體驗其神奇的效果。

能力開發會把心力做最大限度的發揮

以下暫且說明SRS的概略，以做為心象訓練的準備。迫不及待渴望做心象訓練者，也可直接從第二章開始閱讀。SRS是指 Super.Reading.System 的能力開發體系，是筆者從一九八七年開始提倡的一連串能力開發的技術體系總稱。所謂能力開發是指，把人類所擁有的心力，做最大限度的發達與發展，而該能力的基礎是來於，我們平日處理各式各樣情報的事實。所謂 Super.Reading（筆者個人的自創語）是表示以異於以往情報處理的方式，讓心理產生作用的作業。

一般提起 Reading，都解釋爲是吸收情報的作業，但這項作業並不只是用眼睛進行。用耳朵聽聞而做理解，或指頭閱讀點字的作業也都稱爲 Reading。因此，我並不做五官感覺的區別，而將所有吸取情報的作業，統稱爲 Reading。因爲我現在這個作業中有異於往常的程序及效力高的方法，爲了傳達給大衆而製作的訓練體系就是SRS。

能力開發有三種層次

SRS具有三種層次。

第一層次是，推動以速讀法爲中心的能力開發。這是提高在一般社會中，生活者的能力。讓被視爲社會生活或人際關係中最重要的溝通能力，有飛躍性的活性化，乃是第一層次的SRS的訓練體系。

第二層次中，則是掌握遠比支持一般心靈活動的意識，更爲深奧的心靈世界，給予創造與矯正。這個階段以比喻性的方式做表現時，是假託支撐人類活動的大地的心象，因而也可稱爲「地的能力開發」。

第三層次的SRS是，在上述改革的心理功能的基礎上，磨練人所應具備的充分能力，並使其做飛躍性的成長，應用在嶄新的世界上，創造以往未曾有的生活方式。這階段比喻性地可稱爲「天的能力開發」。

第一層次（這個層次也稱爲「人的能力開發」）準備有三十個步驟，第二層次有五十步驟、第三層次有一百步驟的訓練體系。

認識能力開發的八個世界

SRS能力開發的世界中，共有八大部門。

這個狀況可以用一座山和其周邊配置的八個登山口來說明。八個登山口中，各齊備其能力開發的獨自體系（二十三頁上圖）。

南方有「速讀法」。這是加速讀書速度的方法。換言之，把情報的取得方法，改變爲異於往常的方式而給予發展。ＳＲＳ的十回講座中（總述二十小時），遠比過去高達一百鐘頭的課程，可達到平均高出十倍以上的讀書速度。

尤其是十回講座全數出席的人，都經驗到平均高達二十倍以上的速讀力，這乃是從速讀法的登山口直接通向ＳＲＳ世界的成果。

速讀法的隔壁（東南）的登山口是「記憶法」。有關這套方法，在筆者的著書『ＳＲＳ記憶術』中，有二十種獨自技術體系的解說。

東邊的登山口是「心象法」，這是本書所介紹的部門。在ＳＲＳ中，通常將所謂 Image 的事物，解釋爲心中游動情報的「形（＝象）」而稱爲「心象」。

因此，Image 的訓練法即稱爲心象法。其主題在於「如何描繪、移動心中所游動的形象」。誠如本書文頭所說明的，心象法有助於增加人類各種能力的寬幅。

東北的登山口是所謂「瞑想法」的部門。瞑想法是和心象法呈對稱的方法論。

如果仔細觀察我們的心力機能，其實體可大致區別爲「心的領域」和「心的要素」。心象法是改善「心的要素」的方法，而瞑想法則是改善「心的領域」的方法。

換言之，把握在心中移動的各種情報的聚合體或群體，並給予改善的就是心象法。而重

1. 利用此項暖身運動增強心象能力十倍！

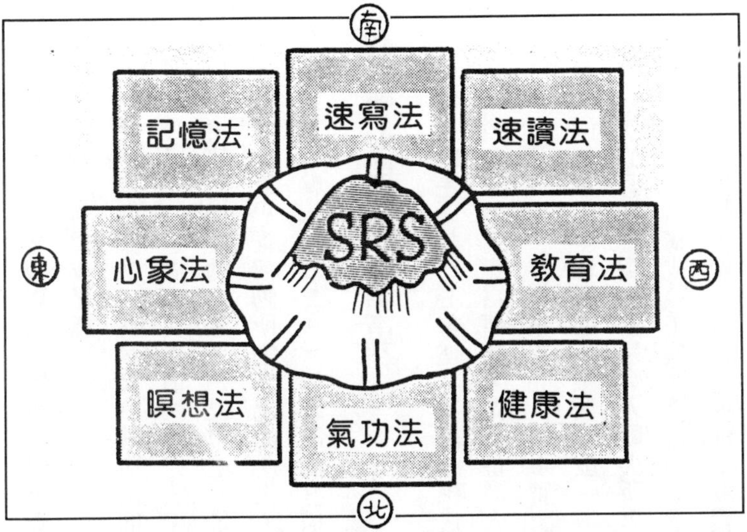

建情報游動的領域（意識的領域）的存在方式本身，並給予改善機能的就是瞑想法。

另一方面，ＳＲＳ對肉體也抱著極大的關心與深奧的造詣，並有開發改善這些機能的深奧技術。而「健康法」正是集約這些技術，它位於西北的登山口。健康法中的一小分支是，最近造成話題的指回旋健康法。

連接身心的領域中，還有尚未獲得充分闡明的層面。推敲此層面的體系稱為「氣功法」，它是ＳＲＳ北方的登山口。氣功法可以說是銜接健康法與瞑想法的技術。

將以上各式各樣的技術，傳達給衆人，讓男女老幼改善其人生，而指導實踐性方法的部門稱為「教育法」。

此法譯名為Super.Education，可以實現超越以往教育效率數倍的效果。

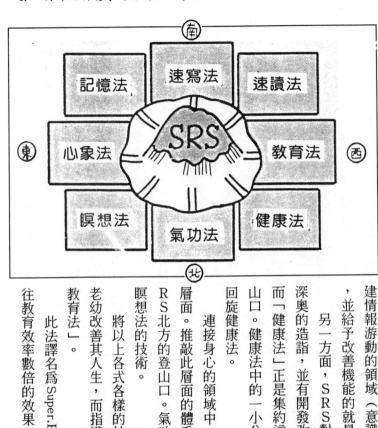

其效果根據多數實力的累積，已漸漸用任何人都能信服的形式獲得證實。其中一例可從SRS速讀的講習成果窺見一斑。

「指回旋健康法」等SRS健康法的急速普及，也表露了其成果的端倪。

「速讀法」是攝取文書情報的方法；「記憶法」是積蓄該情報的方法；而「心象法」是輸出其情報而操作的方法；「瞑想法」是調整情報操作環境的方法，基於以上的觀點構成。

而將上述思維活動所創造出的產物，表現在外界的方法是所謂的「速寫法」的部門，有效率地進行輸出（Output）以及附加其價值，乃是速寫法的兩大主題。

認識心與腦的差異

本書的主題是「心象法（制御心中之形象，亦即心象的方法）」，因此，首先必須針對心（或者意識）究竟爲何物，做一番深入的檢討。

在SRS中，非常重視心，但事實上所謂的心，並非可以事先做定義的某個實體。心是任何人尚無法完全理解的「某個什麼」。但是，任何人都能確實地感覺到所謂的「心」。這正是人類的有趣之處，也是令人匪夷所思之處。所謂心，是任何人無形中感覺到的一種主觀性的總合、或者構成該主觀性總合的某個什麼。基於能力開發的立場而言，重要的是不要事先針對心爲何物，做一番界定或斷章取義。

在現今社會，身心常是相提並論。相較於「不知所以」的心，「體」可在物質的世界中討論，因而一般認爲，它比起心「較知其所以」。體不僅可用手碰觸，用測量即可知其重量與大小，利用解剖甚至能發現其內部構造。而腦是位於可以物質掌握的體內。

心與體的闡明方式不同

我們一般是藉由閱讀、聽聞來做各種的情報處理。這時，所謂「瞭解」某個事物，到底所指爲何？其中有兩個完全不同的理解方式。第一是，當我們理解讀書上的內容時，誠如「情報是由眼睛輸入，在腦中進行處理」是以客觀的說明方式做解釋，這種方式可以稱爲「身體的了解方式」。相對地，第二個方式是，「在此有思考事物的我」、以往有「我」因而明日也有「我」之類的感覺，或者是基於「我現在很難過」、「痛苦」、「舒適」、「美妙」等感覺時的主觀經驗所做的理解方式，這個方式稱爲「心的理解方式」。

但是，在本書中並不需要以哲學方面的角度做艱難的思考。我們只要單純地把心當做主觀現象的總合；體或腦則是客觀現象的總合來考慮即可。

在科學昌盛的現代，個人總認爲客觀的知識，才是正確且強力的追求方式。但是，根據筆者個人的經驗，在能力開發的場合上，若只倚賴客觀性的方法，有時原本一分鐘即到達的場所，卻要花數十年迂迴繞轉，否則無法到達。這彷彿用眼直視即可看到垂手可得目標物，卻閉上眼睛用手去摸索花費數十倍的功夫。

也許身爲大腦生理學家，爲了證明直覺上理所當然的事物，必須在神經細胞上做電極，花費一生進行研究。以專業工作的立場而言，這也許是必要的工程，但在開發能力的狀況，卻是庸人自擾。各位應做的是，基於主觀而更準確的立場，掌握自身心力功能。

基於應用知識的立場而言，我一再地深切體認到，凡事只拘泥於大腦，人生將有極大的損失。正確地凝視、操作目前自己的心，才能更有效、更廣闊地開發能力。如果各位能首先掌握這個主旨，即能儘早瞭解本書的意義。

不過，只是茫然地面對心，毫無進步可言，在此先賦予各位能較清楚去瞭解心的印象。因此，首先爲各位訂定以下的理解架框。

連接內外的感覺經驗是心象的基礎

我們一般人都有外在的世界與內在世界之分。這是比較能夠輕易瞭解的掌握方式。「屬於我的世界」是內在世界；「不屬於我的世界」是外在的世界。這可以說是極爲普遍而爲一般人所接受的想法。

這時，外在世界進入內在世界的某個對象，稱之爲「情報」。譬如，從眼睛進入的是光的情報；從耳朵進入的則是聲音的情報；從皮膚而來的是熱度的情報，或空氣振動情報等其它情報。在舌與鼻的黏膜上，則有分子的情報進入。這些情報可總合稱爲感覺情報。

以科學的領域而言，情報所進入的標的，爲「體」無它，更基於筆者個人思考的模式，我是將意識活動置於中心，因此，情報的輸送對象應稱爲「心（意識活動的領域）」。而情報的進入過程稱爲「輸入」。

本書的主題是從感覺情報的輸入開始，嘗試鮮明地掌握在心內世界心象機能的過程，並改善與強化整個流通的管道。

利用兩種追求方式使心象力活性化

在此，我們針對何謂心象（Image）做一番思考。

心象是由我們感覺體驗的集合體及其運動所構成。

譬如，視覺上的心象，是指倚賴我們以往所看過的事物，在心中建立某種形象的作業。而聽覺上的心象，則是指根據以前所聽聞的經驗，建立內在的某種聲音體驗的作業。一般性的心象體驗，是指有關五感活動的綜合其各種作業的機能。由此可見，心象關係著由外而來的情報，因此，改善感覺體驗乃是改善心象能力的第一步。

另一方面，在心中也有做記憶的過去經驗的層次，經驗會從該層次復甦。因此，使心象活性化的方法是，改變外來感覺的經路，以及使從過去經驗倉庫中復甦的內容活性化，等兩種追求方式。

鍛鍊這兩種經路，追求更完善的印象形成，乃是心象法的課題。

進行具有目的意識的心象形成

訓練心象法時，重要的是要有目的的意識。

爲此首先概略地以圖式掌握情報的方向，事先做好程序上的整理較爲有用。以描繪心象的心的領域爲中心，首要之務是改善所進入的感覺情報。這是輸入的改善。

第二，藉由心象的機能將獲得的構想或品味應用在外，製作人生的動向。這是輸出的改善。

第三，清楚地復甦心中的記憶。這是想起的改善。

第四，將重新製作好的心象豐富地積蓄起來，改善記憶的功能。

鍛鍊以上四項乃是本書的主題。以次圖的情報流向圖式掌握這四項功能，並將該圖式稱爲「模式」。

使用這個模式時，各位可以獲得共通的理解基礎，相互地溝通也較爲準確。

我常建議學習者將能力開發的法則與手指相連接而做記憶。

其中，右手的小指表示「模式的活用」。

1. 利用此項暖身運動增強心象能力十倍！

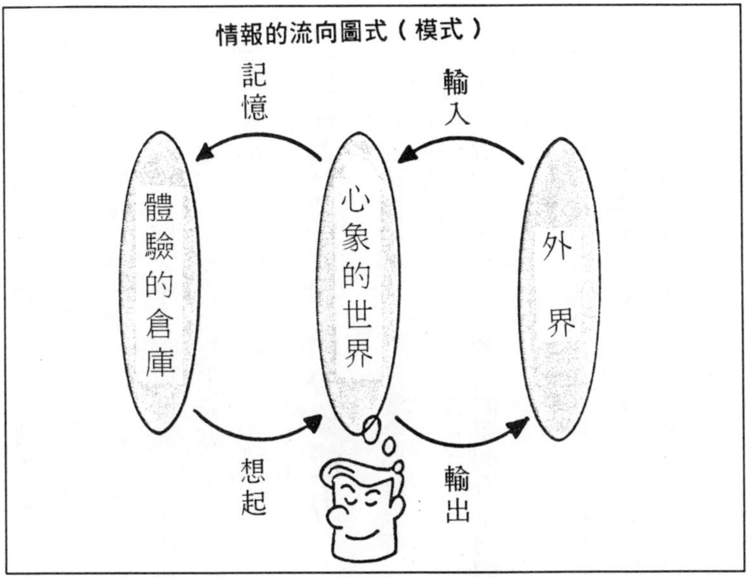

適切的模式活用，可以提高教育及溝通的效率。

將心中情報的流向用圖式做說明，也是小指法則的應用力。

使皮膚感覺敏銳，能增加心象能力

以下為各位介紹，改善心象能力的第一個課題，亦即鍛鍊感覺的方法。

在此之前，先測驗各位皮膚感覺的靈敏度。

請將雙手手掌分離約二十公分對峙，左右雙手嘗試著擺動。皮膚感覺較敏銳的人，可以在左手上感應右手所發出的情報（因輻射而傳達的溫度情報等），而右手也能感應左手傳出的情報。

並非任何人一開始都會感應到。附帶一提的是，在平均約四十歲的團體中，大約有三成左右的人有所感應，其餘的人卻毫無感覺。

在這個階段有所感應的人，請將雙手慢慢地拉開距離，調查有所感應的界限距離。譬如，有些人可在相隔六十公分處感應。請記住這個界限距離。如果相距二十公分的距離，卻仍然沒有感覺的人，反之將雙手靠近。人體平常維持約三十六度七的皮膚溫，請將雙手慢慢靠近並思考是否能有所感應。

打開感覺即能提高心象能力

感覺完全閉鎖的人，即使雙手距離只有一釐米，也沒有任何感應。大約二百人中有一人是如此地鈍感。

以視覺而言，彷彿是戴著眼罩觀看景物的狀態。這種狀態是右手看不見左手，左手也看不見右手。

你的情況如何？首先請調查雙手保持多大的距離才有所感應，請將該數字塡寫在三十一頁的圖中。這個數字稱爲「氣感」。

如前所述，若要使心象活性化，重要的是要打開感覺的經路。同時，也必須有打開視覺或聽覺經路的作業。

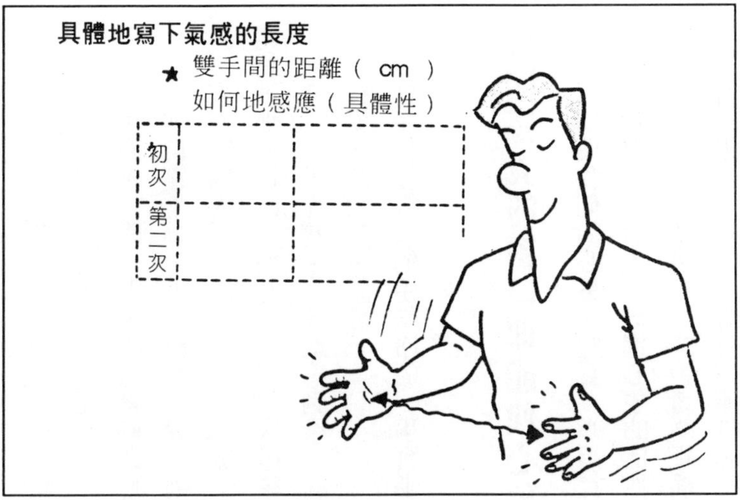

這個經路稱爲「窗口」。「打開窗口具體地提高感覺」乃是提昇心象能力的第一步。因此，在此爲各位重現SRS心象法講習的當天景況。

首先，讓前述的感覺在十分鐘以下有所感應的某人（將其稱爲A先生）到講台上來。

A先生在雙手掌相距三公分處，可以感覺到溫度。這是溫度感稍微開放，左右手可以透過溫度情報認識另一手的階段。

但是，皮膚除了溫度的感覺之外，還有觸感、痛感、冷感、酸麻、震動感、癢等各種感覺，也許A先生對其它的感覺較爲遲鈍。

既然雙手距離三公分而能感應溫度，如果讓他人的手進入其間，應可在更大的距離有所感應。

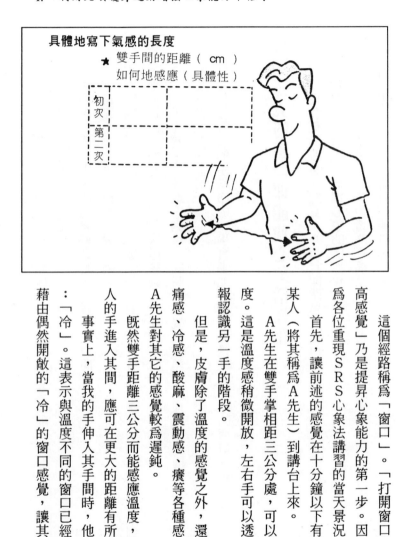

事實上，當我的手伸入其手間時，他立即回答：「冷」。這表示與溫度不同的窗口已經打開了。

藉由偶然開啟的「冷」的窗口感覺，讓其雙手再往左右張開，憑藉我所介入的手在那個距離可以感應，調查其界限。

我說：「我覺得可以再張開一點，你覺得怎麼樣？」他回答：「……還感覺得到。」

「也許再打開一點還能感覺得到吧？」我再次詢問。

而他回答：「……確實感覺得到。」

經過數次溝通，A先生當場在數十公分的距離下有所感應，同時，也能感覺到我的手伸開的刹那。從此，他有生以來首次體驗到，大幅地敞開感覺窗口的經驗。

A先生不僅雙手直接地感到冷，同時也感覺到溫熱。這樣的經驗稱爲「感覺敞開體驗」或「感覺之窗敞開」體驗。

當時他覺得我的手是冷的，事實上並非冷，而是他的「冷的窗口」碰巧接收到我的手的情報。

打開感覺的窗口即能使心象活性化

若要使我們的心更爲豐富，必須打開閉鎖的窗口。窗口打開後，成爲心象之源的各種新鮮的情報會魚貫而入，促進心象的活性化。

接著，再介紹另一位講習者的經驗談。在講習會中，讓雙手間的氣感是十公分的B先生到講台前來。他覺得皮膚有一陣酸麻感。和我之間的實驗程序如下。

「我的手是冷的嗎？」

「覺得像是一股冷氣。」

「有此感應的場所是感覺的另一個新的窗口。可否將該處再打開？」

如上所述，請各位也去體認，和以往大不相同的其他感覺。B先生當場使其原本已經敞開，而有酸麻感的窗口變得更爲靈敏，同時，還打開了感覺冷的第三個窗口。而他的氣感長度，從原本的十公分，到雙手完全張開的狀態下都有感應。這種「感覺打開」現象，並不只發生在皮膚感覺，連聽覺或運動感覺、內臟感覺也會發生。上述是兩名感覺窗口敞開的實例，其實聽講者的任何人都可以有類似的經驗。

同席者的感覺窗口也打開，人生變得豐富而多采

A、B先生原本閉塞的感覺窗口，今後將永遠地敞開，因此，他們的皮膚體驗從當天開始，將會比以往的人生更豐富數倍。譬如，當手靠近熱咖啡時，溫度感覺會更敏感地感應其熱度。而手也會在偏離冰咖啡之處感應到其冷感。從感覺窗口敞開當天開始，整個人生會有如此的轉變。有人甚至只聽了我的演講或閱讀書籍，即改變了人生。

事實上，在該講習中目睹上述二人變化的多數同席者，感覺的窗口也早已打開。這是因爲發生了「只注視他人的變化，感覺窗口即敞開」的現象。

各位也許在閱讀之間，感覺窗口已發生變化，因此，請各自檢正一下氣感。如果像前述B先生一般，從酸麻感再感應到熱度、涼度，產生感覺品質上的變化，或感覺強度的變化時，請把它記錄下來。而雙手完全打開仍有感覺的人，請在前圖上塡下無限大的記號（∞），而毫無變化的人也記錄同樣的數字。

反省心象世界位於何處

前項所談的是敞開皮膚感覺的例子。

次表所表示的是，某個講習會上參加者的氣感變化。SRS訓練法中，剛開始會對心象訓練做如此的確認，這項重要的確認是爲了不讓心象訓練，只止於心象操作而已。

請各位在此漫然地回顧，過去的心象世界到底是什麼模樣。以往是如何地取掌握心象？心象世界到底在那裡？領域多大？而各位描繪心象的方式又是怎麼樣的程度？如果心象能力獲得改善，是否期待有什麼令人愉快的事情發生？

經過以上的反省之後，接著從本章將具體地進入心象的訓練。

訓練法總共有六十三個，請彷彿攀登六十三格階梯一樣，每向上踏進一步，即確認自己心象能力的提高，在喜悅中一步步地進行。

1. 利用此項暖身運動增強心象能力十倍！

心象法講習前後的氣感變化

（單位是公分，∞表示雙手完全平伸）

姓名	男女	年齡	講習前	講習後	姓名	男女	年齡	講習前	講習後
A·K	女	30	100	∞	T·M	男	37	30	40
O·S	女	35	∞	∞	S·H	男	37	40	∞
K·M	女	17	∞	∞	H·S	女	39	20	40
M·S	男	18	1	70	T·H	男	39	∞	∞
K·T	男	19	40	80	M·H	男	40	30	90
O·Y	女	19	100	∞	S·A	男	40	∞	∞
M·T	女	20	70	65	S·N	男	40	∞	∞
M·R	女	22	80	∞	I·T	男	42	∞	∞
T·A	男	22	80	∞	N·M	男	43	40	80
J·Y	女	22	∞	∞	A·Y	男	43	∞	∞
N·F	男	24	∞	∞	K·M	男	44	170	∞
S·T	女	25	60	∞	K·T	女	44	70	100
T·Y	女	27	40	50	T·H	男	45	∞	∞
S·T	男	29	∞	∞	T·A	女	44	∞	∞
M·S	男	30	∞	∞	A·J	女	46	150	∞
K·K	男	30	100	100	H·S	女	47	20	40
U·S	女	31	50	∞	Y·M	女	49	20	50
S·H	男	31	70	∞	A·T	男	54	∞	∞
T·M	男	31	50	70	K·H	男	54	∞	∞
I·A	女	32	25	50	K·N	男	55	20	30
S·T	男	32	∞	∞	H·Y	男	56	50	∞
S·K	女	34	∞	∞	Y·I	女	56	100	∞
N·H	男	35	∞	∞	S·A	男	58	80	100
O·T	女	35	25	20	S·S	男	69	60	∞
S·A	女	36	25	40					

2 喚醒隱藏潛力的驚人心象訓練

心象訓練帶來神清氣爽！

經過上述的說明後，我們接著將實際地進入具體的心象訓練。本書合計有六十三種訓練。在進行之際，有兩種做法。

第一個方法是，稍微閱讀本書之後，隨著各個指示做心象的描繪。

第二個方法是，首先用語言記住各個訓練的全體流程，記住之後再閉上眼睛，慢慢且具實地描繪出整個心象。

任何一個方法都行，但最好的方法是先概略的試行第一個方法，然後利用第二方法加深體驗。有些人張開眼睛較能詳細地描繪心象，這樣的人可張開眼睛做練習。

若能確實地描繪心象，有些人因此即能感到爽快，或有頭腦清晰的經驗。不過，接下來的訓練反應，因人而異乃是理所當然，請各位遵從訓練的指示，描繪各自的心象而體驗各自的感受。

他人的經驗談純屬參考而已。

訓練1　使集中力提高的心象宇宙的凝縮訓練

本章一開始，將訓練提高集中力的「心象宇宙的凝縮」訓練。請將以下的文章記在腦海裡後，儘可能閉上眼睛，依序描繪心象。心象訓練是在輕鬆而自由的姿勢下進行。

「請確實地掌握你所想像的宇宙有多麼廣大。該宇宙的領域橫跨過去、現在，甚至還包含未來。心象描繪的原素粒子，散佈在整個宇宙上。這些例子漸漸從宇宙全體各地聚集前來，開始凝聚一處。

像霧顆粒般的東西漸漸聚集、聚集、聚集，慢慢集中在各位目前所在的場所、現在所感覺的心的中心。

請做上述模樣的描繪與感覺。」

接著再進行描繪。請確實地體驗各個心象的描繪。

「這個顆粒是出現在心象訓練中，所有心象元素的粒子。隨著聚集而密度變高，有如銀河或霧或雲一般，在你的周遭凝聚。請描繪該模樣並去感應。

粒子的全體變成巨大的球，變成直徑一千公里左右的球。

巨球再度凝縮，變成直徑五百公里左右的球。

從五百公里變成一公里直徑的球。請感應其凝聚的壓力與能力。

直徑從一公里，再凝縮成五百公尺。

從五百公尺再凝縮成一百公尺。

再從一百公尺漸漸凝縮成十公尺。

再度凝縮，而從直徑十公尺變成一公尺。眼前有一個壓縮過的球，請注視著它。形狀雖不明確，但是由細小粒子所形成的東西。球再度凝縮，直徑變成四十公分，再變成二十公分左右的躲避球般的硬塊。請眞實地描繪並做感應。」

以上是「心象宇宙的凝縮」訓練。是否具實地描繪了？

訓練2 全身感應則能充滿氣力的心象球確認訓練

其次，用心中眼仔細地凝視，前項訓練所形成的球。這個球是因你的心象能力而做成，因此，球的成品有個人差異。請根據個人的嗜好琢磨，做出心象球。

「仔細凝視該球，用全身去感應，盡力用眼去感應、用耳去感應，甚至用皮膚、肌肉或內臟去感應。感覺活性化後即精力充沛。」

完成後張開眼睛做評價。希望對於本書的訓練，能記錄下每一個所產生的感覺。這稱爲「確認作業」。

心象能力發達的人，會有相當鮮明的體驗，同時充滿著氣力。而心象能力較弱的人，也許無法湧現任何的心象。每個人有各自不同的經驗，乃是理所當然。而心象過程曖昧不明的人，也可以只記錄下如何努力去做心象表達的事實。請記錄下宇宙凝縮的感覺變化、凝縮的

頭腦清晰而身體輕盈

模式或看起來的模樣、以及心象球的樣子。

〈經驗談〉身體奇妙地變得輕盈、頭腦也清晰

記錄完畢者，反覆回想剛才的體驗，思考是否能使心象更爲洗練。前項的訓練是爲了鍛鍊，從意識到心的空間的作業開始，在毫無方向性的狀態下做凝聚的能力（機能）。這項訓練並不容易，因此剛開始練習會覺得困難無法達到，也不必擔心。

在心象訓練的講習會上，大家同心協力進行時，通常會描繪出不錯的心象。這是因爲，每個人的心象在無意識中會彼此影響。

這個現象也在ＳＲＳ教育法中活用。以下介紹一個標準的經驗談，請和各位的心象做一番比較。

「隨著粒子的聚集，全身感到輕盈。隨著球體越變越小，漸漸感到一陣昏眩。」

「隨著珍珠色的巨大宇宙球漸漸變小，顏色略帶藍調，最後，珍珠大的有如實體的球，放在手掌上閃閃發光。頭腦覺得清晰無比。」

「可以描繪出呈銀色而有點粗糙的球體。從大宇宙旋轉進某個黑洞的心象，慢慢變成一個球。」

訓練3 用手使心象鮮明的「心象球的實體化」訓練

接著持續做訓練。請將前述的球重新復元在眼前。約躲避球般大小。

「爲了使這個球實體化，請決定球表面的感觸、滑溜、色彩、重量等。將雙手實際伸向眼前，觸摸心象的球，感應其整體的印象。皮膚有何感觸？是熱或冷？覺得麻或癢？滑溜或刺人？硬或軟。同時確認，和前項體驗的氣感有何不同。前項是沒有任何景物下的氣感。在此所經驗的心象球的感觸，和前項氣感到底有何不同？如果覺得有所不同，請試著推一下球體。壓力或彈力如何？將手繞到球體的外圍，自由地做前後左右的轉動。然後再試著拉球。注視當雙手往外側拉開時，球體是否變得膨脹。如果產生膨脹的感觸，再儘量往側邊拉開。也許球體膨脹，連帶地色彩及重量也產生改變。

或許表面的感覺也不同。如果讓球一再地膨脹而能有所感應時，儘量讓它再膨脹一層，直到雙手臂完全張開的程度。

這時，擺動每一根指頭，確認其中的感觸。爲了瞭解其間的觸感，讓手延著球體做圓形的轉動。皮膚的觸感如何？這是和皮膚感覺連動的心象訓練。請各位親自體驗，皮膚感覺和成爲映像所描繪的球體有何種關連。

悄悄地按住球體的右側表面，試試看左側是否會發出響聲。球內不一定只有空氣。也許裝著水。或許裡頭是鋼鐵的硬塊。請依自己的嗜好自由地感應。

當手確實地觸摸球體前後左右後，放下手來。再次地凝視心象世界中的球。用心中眼去凝視心中的視覺體驗的球。讓自己去判定，視覺上的心象的鮮明度與眞實度如何。」

根據上述所產生的心象經驗，記錄在手邊的筆記本上。

〈經驗談〉心象球發出美麗的七彩顏色

將所有的經驗有如發現新大陸般地記錄下來。換言之，覺得有趣、感到新鮮的經驗，或和前項經驗所不同的地方，積極地記錄下來。藉著書寫，可以把自己的經驗表達出來。書寫作業是將心象世界的內容，表現於外在世界的重要練習。

以下介紹一個標準的經驗談。

「剛開始覺得非常重，當讓它慢慢地膨脹之後，突然覺得球體變得輕盈，顏色從紅變成水色及綠色，球心的熱度變成平和的溫度，舒適地傳達到手上。按壓時彷彿柔軟的乒乓球般地彈跳開來。再漸漸縮小後，變成閃爍的七彩光輝的球。」

「乍看下帶著一股冷感的金屬色。觸摸時覺得柔軟而溫暖。」

「輕盈而觸感佳，閃耀著柔和的金色。」

心象的作業必須有和料理同樣的素材。所謂素材是指過去的體驗、知識。請巧妙地給予應用。將平常未曾意識的素材，做爲印象的元素使用時，光憑這一點就能改善能力。

心是自己創造的世界

在此，筆者想從另一個側面，添加一些意見。在SRS中，活用關鍵語可以打開在語言機能上，和以往大不相同的心的領域。其中之一是，「心不是既有的世界，而是創造的世界」這句話。

一般人對於自己的心，都在漫然的感覺上以爲是「既有」。誠如「有」肉體、社會、地球或星球一般，一般人無形中總認爲心也是「有」。但筆者卻不做如是想。我認爲心是令人捉摸不定的抽象物。令人無法捉摸的抽象物，根本無法認定其「有」而能瞭解。

因此，希望各位能改變一個觀念，不要把心當做「（莫名地以爲）有」，而是積極地「創造」的東西。如果你未曾對心這個對象，認眞地思考過，即表示各位是處於「沒有心的世界」。當各位把意識集中在心，而覺得在心中可能會有某些愉快的事情發生時，從該瞬間開始，各位的心已重新開始被塑造。請各位銘記在心，心並非存在於某處，而是自己所創造的世界。

利用心象訓練建立美妙的心

心象訓練的意義，在於實踐「創造」心世界的方法論。希望你習得有效的方法，創造美妙的心世界。

筆者曾經有過坐禪、瞑想而度過長久時間的經驗。

坐禪或瞑想都是探求心的方法論，但卻不是「創造心」（隨著具體的程序架構心）的方法。心的探求是非常奇妙的，直到目前我一再地探索心，但我卻認爲，「創造心」的作業更爲神妙。

請各位認識，探究心和創造心，完全是不同作業的兩回事。

如何創造心，乃是SRS能力開發的方法論，在此有一個完全嶄新的世界，會豐富地呈現在眼前。

既要創造心，問題在於由誰、在何處、如何去創造。因此，在接下來的項目，將針對速讀講習會中，所活用的簡單的心的模型做具體的說明。（詳細請參照拙著『瞭解變聰明的要領』）

心象是由「心的作業員」創造

在心的模式之中，將心分成兩個領域。誠如公司裡有「董事長」和「作業員」之分，心的機能也可依同樣的方式來掌握。各位所認爲的「我」的機能稱爲「董事長」。而「我」以外，有無以數計的「作業員」在四處移動的，是心的眞相。以心象訓練來說明，努力去學習心象的描繪方法的主題是「董事長」。譬如，購買本書的（也許）是董事長。但實際接受其命令，做心象的實際描繪的是作業員。因此，前述訓練中，所評價的心象球的描繪方式是否適切，並不只是董事長的問題，也是作業員的問題。如果作業員能確實遵守董事長的指令而工作，應可描繪出愉快且鮮明的心象球。

無法描繪出心象球的人，也許作業員正在「睡午覺」。而睡午覺的原因，筆者認爲是過去教育的不適當或指導不足。

SRS的方法論，正是在於賦予各位其指導法。

豐富心象素材即有多采的想像

在心象訓練法中，讓衆多作業員警醒而遵循某特定法則，推動整個業務的進行。有關其中的技術，接下來將一一的學習。

假設各位是心靈世界的董事長。有一個描繪心象的場所，而心象是公司的製品（或作品）。請描繪作業員一邊檢查製品的品質好壞，並從某處帶來素材，以何種作業方式製造心象，而所製造的心象將有何用處等。

有關心象的製造過程，再做更進一步的說明。心象必須有其素材。而所謂素材，以料理爲例，相當於蘿蔔、牛蒡或調味料。可能是根據過去的經驗而攜帶素材，也可以用目前的感覺經驗做爲素材使用。

無法適切地選擇素材的人，表示感覺閉鎖或倉庫空蕩無一物、或倉庫大門生銹，而無法使用其中庫存內容的人。這樣的人當然無法描繪具體而豐富的心象。

豐富地的活用心象的素材，將是創造心象的第一課題。

描繪良質心象必須整理心態

心象製作的第二課題是領域的問題。一般從事作業，都有作業場或工廠。工廠是處於何種狀態？方便勞動亦或雜亂無章？自會影響整個工作的程序。

這樣的觀點稱爲「場的問題」。

描繪良質的心象，必須準備好心場，設定在最佳的狀態下。換言之，必須確實做好工廠的設施。

而工廠只有一處或分散各地也是問題。在固定一個場所描繪心象，是普通的能力開發。但在SRS速讀訓練中，針對吸收情報的功能、處理功能、輸出功能做一番加工，改變成異於以往的分散輸入、並列處理、統合輸出等新穎的功能。這時，試圖一舉運作心靈的多數工廠，乃是速讀的並列處理之一。

而ＳＲＳ的心象訓練，最終的目標乃是盡可能在心中設立較多的工廠，以建立鮮明且強力地描繪心象的生產性活動。

心象描繪必須有能力

第三個課題是能力。即使素材再好，場所也完備，作業員若無能力也無法處理工作。你的心若已枯萎，則一事無成。心象訓練的講習中，首先必須檢查講習者的參與意願度，這是爲了自覺能力。如果有無法確實描繪出心象的人，到底是身體狀況不佳或前晚睡眠不足所致？甚或訓練的方法不佳？爲了自覺個人的狀況，必須事先檢查身體狀況。

最後，將訓練各位做自身所描繪心象的作品，有如湧現一股活力般的心象訓練。

筆者個人提倡的健康法中，包括指回旋體操。它是以各種技術讓手指產生能力，做成「PowerFinger」的健康指。使人生更爲生動有趣，此法特稱爲「PowerFinger Built」（建立活力手指）。同樣地，ＳＲＳ的心象法，也可稱爲「Power Image Trainning」。

請各位自我檢查，前述所描繪的心象是否充滿著活力。

鮮明地描繪心象即充滿活力

第四個課題是開朗度及鮮明度的問題。如果在顯得昏暗的工廠進行作業，應有的能力也無法湧現。這是照明不足的狀態。

碰到這樣的狀態，必須在心場上點一盞更明亮的燈。

第五個課題是形狀。心象必有某種形狀。音樂有用音符所表現的音的形狀。用示波器看會在映像管上出現波長。同樣地，各種心象都有某種形狀。

請檢查一下，該形狀是否鮮明地描繪出來？亦或拘泥於過去體驗的形狀？或能自由地發揮等等。

第六個課題是涵義。作業員具體地描繪心象的作業本身，必具有某種的意圖、目的或涵義。也許和董事長的意圖、目的相違。有時會描繪出與董事長意圖相違的心象。這從描繪夢境的潛在意識的意圖，和睡醒後解釋夢境時的關係可一目了然。請檢查心場上所完成的作品（＝心象）的涵義。

衝擊性地描繪可使能力活性化

第七個課題是意義。這是有關心象的功能及價值的層面。以前項各位所描繪的心象球而言，「這個球將扮演什麼功能？」或「球體本身有何應用方式？」之類的層面，可稱爲功能或價值。

不論是何種心象訓練，各位務必瞭解的是，針對這個層面仔細地思考必有其好處。

第八項課題是衝擊性。這是指心象所具有的力學方面的層面，或有關速度、動作的層面。即使有形狀若保持靜止，尚不是充分的心象訓練。

以公司爲例說明，渴望看見的是整體職員的動作中，帶有躍動、速度感，包含著活動的要素。它所表現的是該公司的活性度。有如時間凍結的公司，並無法壯大成長。心象訓練也具有同樣的層面。如果所描繪的心象場面，整體帶有速度感，有如衝擊性地躍動前進，隱藏中的能力必會活性化。

綜合八大層面描繪心象

以上八個項目，是描繪心象時的檢查重點（前圖）。今後在描繪心象時，最好能自主性地具備上述八個要點。

簡而言之，心象首先必須有形狀、動作與能力，然後再加上其餘的各個層面（剩餘的總合）。首先簡要地記住四個要素，當能力較爲充裕時，在訓練能瞬間地描繪齊備所有要素的心象。初學時，形狀能確實描繪而有動作，並充滿著活力之後，再慢慢地給予修飾、添加。

訓練4　使人愉快而清爽的「心象的造園」

前項我們已經進行到心象球的確認作業。接著將做使體驗活性化的訓練。這個課題是感

描繪心象的八個
檢查重點

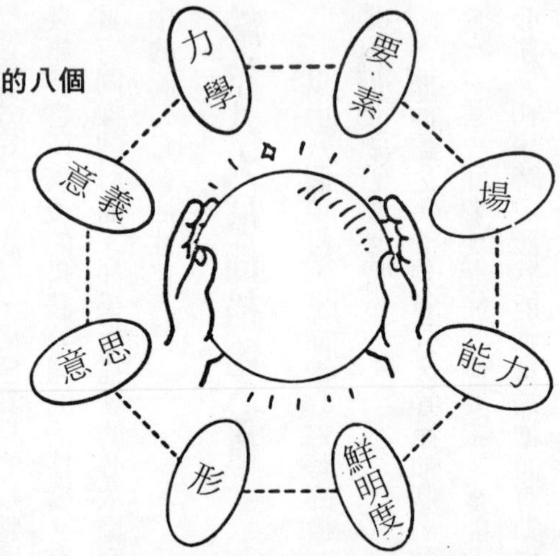

覺打開、積蓄、想起、應用的四個作業。書寫經驗的作業，也兼顧從心象世界移轉到外在世界給予應用的練習。

那麼，請閉上眼睛。接著我們要做心象的造園。

「接續前項的心象，再一次復原心象球。在心象世界中，球仍然持續浮在空間。以此球為素材，建造一個各位的心象的工廠（此作業在本書稱爲『心的造園』）。

各位想像在球和各位的周圍，有你非常喜愛的廣大空間。它可以是一座庭院或草原或廣場。總之，請想像該處是令你覺得愉快、歡樂、清爽的場所。

在此場所，我們將使心象球轉變成一座庭院。

首先，球剝成兩半。其中一半落在大地上，

使人愉快的「心象的造園」

瞬間化成寬大的絨毯。絨毯的形狀不拘，色彩或表面也可自由描繪。它就是今天心象訓練的場所。

在絨毯上，請放上你所喜愛的桌椅。也可用沙發取代椅子。而這正是今天各位的座椅。剝成一半的另一個球塊，慢慢膨脹而回復原先的大小。它將做為往後『心象之園』使用，請悄悄地放在桌上。

請仔細觀察庭院的左右。庭院的上方是何種景況？……有雲嗎？有日光嗎？絨毯下面的大地又是何種景象？各位的穿著如何？

請確實地觀賞東西南北的景色。視野的擴展如何地廣大？有山？有谷？有河、有住宅？如果空曠無一物，請自己擅自描繪。這乃是接下來所要描繪的心象空間。」

那麼，請張開眼睛，寫下各位體驗的記錄。

〈經驗談〉令人愉快的舒適感幾乎捨不得張開眼睛

當各位書寫自己所進行的造園心象過程時，心象中的庭院仍然持續存在。只不過是時間靜止的狀態下持續。語言的世界和心象的世界是不同的世界。因此，在使用語言的期間，讓心象的世界保持靜止。

心象的描繪法毫無拘束，可自由地給予變形。讓你的體驗產生一種喜悅。在進入下個階段之前，請復習所描繪的心象。儘量精密而愉快的去描繪。

介紹幾個標準的經驗談，請當做參考。

「眼前是寬闊的一片大海，天空上浮著幾朵在溫暖的陽光下的雲。絨毯的顏色接近鮮綠，左後方（遠方）可看見覆蓋著白雪的北阿爾卑斯山。桌椅是質厚的木製品。位於距離海面三公尺左右，靠近崖邊的桌緣狀的地方。海濤聲與浪花特別地美妙。」

「四周是一片花園，遠處可看見山，無雲，心情非常舒爽，甚至討厭張開眼睛。絨毯下是紅色。」

訓練5 追憶令人愉快的視覺體驗可帶來活力

接著是視覺體驗的活性化。這也可說是與眼睛相關的心象體驗的活性化。我們回復到前項的心象庭園。結果，原本靜止的庭園開始移動。

「桌上有一個球。請想像該球產生變化，變成有如水晶般清澄的球體。一直凝視著水晶球。

水晶中一再地浮現，各位以往的體驗中最使人振奮的場面。請在視覺上回想自己精力充沛而愉快的體驗。重要的是不要迷惘，一旦開始浮現既有的體驗，即確定該場面。把它當做第一的體驗。同時，也請注意觀察周圍的狀況。一直無法浮現愉快場面的人，請持續著心象練習。已經有鮮明的場面出現者，請移轉到第二個體驗，依序回想總計五個體驗，鮮明而具實地做追憶。尚不懂得要領的人，只回想一個體驗也無妨。儘量在視覺上去想像某一個令人振奮的體驗。當想出那個瞬間時，即能湧現活力。」

趁尚未遺忘時，記錄下剛才的體驗。

打開「過去的倉庫」找出令人振奮的體驗

回想不出任何場面的人，也許使人振奮的體驗非常貧乏，或者「體驗的倉庫」仍然閉鎖著，而無法回想出來。請拼命地打開記憶中的倉庫，探索過去的經歷。任何人都應曾經有過令自己欣喜的體驗。不過，這是嘗試從視覺去回想令人湧現活力的體驗。記錄時請並排寫著可以瞭解所憶起的體驗個數的方式，並附帶說明在什麼時候、何處做了什麼事的回憶，或某種瞬間、什麼樣的場面等等。這是一種視覺體驗，因而風景、狀況及場面非常重要。

在一邊記錄的同時，並做鮮明的回想。想起乃是心象訓練的第一步。確實地打開「體驗的倉庫」正是此項訓練的目標。如果能在連鎖反應下一再地憶起各種美妙的經驗，記錄五個以上也無妨。也有這樣的經驗談：

「一、女兒『回娘家』時，面向著我們奔跑過來的瞬間。二、看見朝陽做深呼吸時。三、中學時的運動大會的閉幕式。四、產子瞬間的興奮、迷惘。」

訓練6 從聽覺體驗的想起獲得亢奮感與安適

再次回到前述庭園的訓練。「有一個水晶球。它再度回復成最初的心象球。這次是聽覺體驗的活性化。心象球變化成會傳出喇叭聲的裝置。這時出現各位曾經聽過令人最振奮的聲音的體驗。請想起並回味曾經有過什麼聲音的體驗，讓各位變的活力充沛。以聲音爲線索再追憶當時的狀況。處於心象的庭園內，豎起耳朵去回想那個聲音。喚醒體驗的世界。達成回想體驗的世界後，請依序記錄所想起的五個體驗」。

以下舉經驗談的例子。

「出現當時的情景。臉頰脹紅，熱淚湧現，周遭全是喜愛的音樂、黃鶯、流水聲、瀑布聲。電車的嘎噹嘎噹的聲音。這麼多的聲音，到底置身何處？」

「小時庭院掛著葫蘆的家。碰觸葫蘆而過的風聲，是帶給我自然安適感的聲音。」

訓練7 想起香味的體驗喚醒緬懷之心

現在是嗅覺的世界、香味的世界。請再回到心象的周邊。也可張開眼睛。

「心象球再回復成最初的球，變成散發出香味的裝置？當風吹過來，香味飄散在四周。

請想起各位曾經體驗過，最耐人回味且美妙的香味體驗。請從過去的嗅覺體驗倉庫中，找出最令人心醉的香味，以軟性處理之。做出香味體驗的等級，記錄下五種嗅覺體驗。可在記錄的同時一邊回想。在他人感覺上是不好的味道、討厭的味道，可能對自己而言是撲鼻香的味道、喜愛的氣味。只要是個人體驗都無妨。」

看看他人的經驗談吧。

「英國的歐薄荷粉餅的香味和當地的溫室。像嬰兒時的弟弟的體香（肥皂與乳臭）。」

「自宅落成時，室內所散發的檜木香。持續數年仍然有檜木香。」

「烤甘甜餅乾時的香味。」

「牧草的芳香。」

根據多數人的體驗，花香中以金木犀、紫丁香花、櫻花、玫瑰、水仙等的香味較令人印象深刻。

訓練8　想起味覺體驗令人快適

再次回到心象的庭園。這時請想食物或料理。

「描繪可千變萬化的心象球，慢慢變化成你曾經體驗過最美味的食物、料理的場面。心象球一再地增殖，慢慢變化成五個，想像五個球個別變成過去曾經吃過的美食的情景。請依序回想五種食物。再想起各個料理的味道，讓料理的狀況也活性化。請從其它各個感覺的層面使其活性化。」

一邊記錄時一邊使「體驗的倉庫」活性化，再繼續回想。

以下以男、女的經驗談各一例提供各位參考。

「一、在鄉下的屋子外廊邊，用湯匙吃切成一半的西瓜。二、最近到韓國的一般住家所吃的辣醬菜。三、父親在家裡做給我們吃的花枝生魚片。四、在伯母的工廠所吃的加蛋雞絲麵。五、運動後所喝的水、吃的麵。」

「宵夜所吃的草莓、香蕉、巧克力、鳳梨。在夏威夷所吃的龍蝦。這些全部和母親的回憶重疊一起。」

只要想起人生中的一次體驗即能湧現活力

回想令人神氣活現的體驗時，有時也會出現並不渴望的心象。這時，請反省是否平常的心態有問題之後，將其記錄在括弧中。如果隱藏在心裡，反而會牽腸掛肚，因而書寫下再將其遺忘。

重要的是誠實地去回想。在具實地想起的狀況中，如果能夠憶起以往的人生中，某一回印象深刻且貴重的體驗，必會變得神氣活現。

訓練9 想起皮膚體驗，加深生活的體認

再次回到心象球。「請依序回想，心象球轉變成各位以往皮膚所感觸的，最高體驗的五個順位。請一併回想時間與場所及狀況，給予追憶。」那麼，請記錄下來。

檢查一下，是否具備形狀、動作及活力。皮膚有各種的感覺。並不只有觸覺而已。譬如，將手浸泡在谷川的水內，感覺的體驗也各不相同。將各種感覺體驗統合爲一，再創造出一種體驗有其價值。我們有無數的感覺體驗，請不要把它當成垃圾捨棄，儘可能給予回收活用。從此才能產生生活的體驗。

以下例示經驗談。

「一、年輕時期在大雪山的山路公園中，沐浴微風的快感。二、小時候抱著媽睡著的快感。北海道寒冷的冬天晚上。三、浸泡在十勝川內撈魚的清涼感。」

「不慎踩到初戀男友的手時，腳底所感受的指頭的纖細、柔軟、溫暖感。」等等。

訓練10 想起運動體驗會使人爽快

皮膚感覺之後是運動感覺。「請回想過去的經驗中，最爽快而舒適的運動體驗。請閉上眼，讓心象球重現在各位體驗過的運動上，並做仔細觀察。仔細觀察是做何種運動，請回想五個項目。覺得麻煩的人，可全心投入於一項體驗中。換言之，只要想起某個肢體運動，令你覺得難以忘懷的體驗或肌肉運動。」

請把它記錄下來。可一邊做記錄一邊持續回想。儘可能想起當時美好的場面，喚醒全部的記憶做追憶。總而言之，務必想起最爲神氣活現、充滿著活力時刻的情景。標示他人的經驗談。

「一、高中時代，參加排球隊做練習時，封球成功的瞬間。二、在高爾夫球場上打出一桿漂亮的十公尺左右的長桿，摘下基本打數時。」

「打排球而殺球得分時。比賽民族舞蹈時，山地舞的抬腳舞姿展露出來時。佛萊名歌舞的舞步踏得漂亮時。發聲練習中，發出極漂亮的高音時。」

訓練11　活性化各種體驗，享受心中庭園的散步

視覺體驗和聽覺體驗的過程有何不同？不同的是積蓄情報的倉庫。視覺人的視覺體驗倉庫非常豐富，而聽覺人的聽覺體驗倉庫較飽滿。其他的感覺也是一樣。

您是否已漸漸地瞭解，自己感覺倉庫的狀況？體驗是構想及思考的素材，檢查自身體驗倉庫有多大的容量與豐富的內容，打開平常閉鎖的倉庫，對提高能力而言極爲重要。如果自覺倉庫貧脊，從今天開始就努力更新吧。

再回到原來的心象訓練。「請在心中散步。各位在自己所做的心象庭園中散步，體驗庭園中的景色。自由自在地在庭園裡漫步，一邊漫步一邊把原先所想起的景物，如美味的料理等，試著將其適切地擺置在某處，或把令你心曠神怡的運動化成形狀做配置，請在心象的庭園中，逕自製造令自身感到活力湧現的設計或組織搭配。」

訓練12　想起內臟體驗重現最好狀況

其次，請想起身體狀況處於最佳狀態的內臟全體的感覺。

「請回想在過去的人生中，內臟最爲舒爽時的體驗。譬如，食慾旺盛心情愉快，運動後心臟大量地負荷，但幾乎沒有疲憊感之類的體驗。也可能是某個時候所喝的酒特別可口的體

驗。請回想五個像這類身體狀況處於最佳狀態時的情景。」

請寫下你的體驗。習慣之後，不必在回想時閉上眼睛，只要透過書寫的作業，即可能操作心象的描繪。心象訓練也會變成立即書寫的狀態。這有助於提高作業的效率。

例示幾個經驗談。

「打完網球後的飲料和用餐。因喉嚨乾渴而特別可口，再多也喝得下。同時，和朋友愉快地交談。」

「整整三天沐浴在陽光普照的自然中，雖然飲食粗糙，卻覺得特別美味。」

「小時候家人一起用餐的情景，那時候吃什麼都好吃。」

訓練13 淨化五感做使其活性化的體性感覺訓練

以上，各位經歷了感覺系倉庫敞開的體驗。這是回顧過去世界的一種作業。可以迅速地將過去世界重現者，是處於心象素材容易活用的狀態。回想的過程阻礙重重的人，是倉庫呈閉鎖狀的人，必須藉由日常生活中的「內心」去改變它。所重現的體驗，應該是使人情緒舒爽的回憶，或成功的體驗。

現在，並非回憶中的感覺，而是做將現在實際的感覺活性化的一連串訓練。這稱爲體性感覺訓練。請閉上眼描繪心象。

「閉上眼坐在前述的心象庭園。請在心中保持舒適的姿勢坐在庭園。接著，併用呼吸法，並打開您的五官的管道，依序矯正各個管道上的扭曲。首先，深深地吸一口長氣，再吐氣。反覆五回左右深長的呼吸。然後，在使人振奮而心象內容配置完整、開朗而愉快的心中庭園內裡，打開各個感覺做活性化訓練。」

訓練14 使心變得鮮明的視覺活性化訓練

請做以下的心象。「吸氣後，從眼部渲洩而入燦爛的光芒。吐氣時光的力量帶給眼球體系熱能。反覆做這樣的想像。吸氣時，光的力量使視覺體系活性化；吐氣時，力量變成熱能而飽滿，提高視覺體系的能力。如此和呼吸連動產生清新的情報，洗淨眼部並使其機能洗練，甚至擴大狹窄的感覺入口。不止是中心視野，請利用整個視野去感應，同時辨別事物的體驗。如果反覆著吸氣後感應到光芒，吐氣時熱能完全充電的練習，心中的庭園會漸漸變得光亮而鮮明。也許會看見未曾見過的事物，出現從未感應過的色彩。請體驗身心調和而令人舒適的色彩，充滿在心象庭園裡的景象。眼睛處理光芒的情報，而所有的文字也成爲光的情報進入視窗。光被掌握之後，會波及過去視覺體驗的倉庫，帶來活性化而使新的庭園鮮明。請產生躍動般的視覺體驗。」

〈體驗談〉 視覺活性化後視力也良化

例示幾個體驗談。

「在視覺的活性化訓練中，覺得視力轉好。發現可以看出原本看不見的物體。」

「覺得體內充滿著光芒。不僅是一個單一的顏色形狀，而是光輝燦爛的光芒的感覺。」

「進入視窗的光非常柔和，它具有一股力量，耀眼得連鼻子都抽搐起來。」

訓練14的做法，一般是閉著眼進行，但張開眼進行也無妨。

訓練15 聽覺活性化使心變得開朗愉快

其次，我們做使心變得開朗愉快的聽覺體驗的心象訓練。

「吸氣時從耳朵傳入美妙的聲音。吐氣時，該能量或熱能對您的聽覺系統造成活性化並給予充電。反覆此心象活動。

矯正聽覺的閉塞，不僅是一個聲音，可以同時掌握全方位聲音的知覺能力開始躍動。同時，過去的聽覺體驗的倉庫也活絡起來。在各位的新的庭園裡，聽到美妙的聲音。那個聲音可能是水聲、小鳥聲，或者是風聲，請洗耳恭聽。配合著呼吸，這些聲音會開始動作起來。聽著他的旋律心情變得愉悅。」

例示幾個體驗談。

「在聽覺的活性化訓練中，大樓的空調聲和海浪的聲音交疊傳來。」「同時聽見馬鳴與馬蹄聲。」

「晴朗而令人舒適的日子裡，在大自然中大搖大擺地散步的我。撲鼻香、小鳥鳴叫、水流聲、疾風……」。各位也把聽覺體驗記錄下來。

訓練16　使情緒豐富的香味與味覺的活性化

其次是香味的感覺訓練。

「配合呼吸，讓美妙的香味從各位的嗅覺進入，然後掌握臭味的體系（充電、充滿）。反覆此心象活動。大大地吸氣，斷然地使該體系膨脹起來。搖醒過去的嗅覺體驗的世界。臭味的感覺與深沉的體驗情緒相連，有連接最爲現實的人的生命感覺。同時，也與快感連串。將它充電到各個角落而使其敞開。不僅是輸入法或積蓄法，全在充電之列。」

接著將注意集中在味覺味體驗的世界。

「請感應味覺體系和呼吸一起敞開。味覺隨著呼吸而洗練，過去的味覺體驗復甦而活性化。也許看見各位的桌上並排著美味的食物，或在心象的庭園內長滿豐碩可口的水果。甚或擺著一杯令人垂涎欲滴的果汁。請製造這樣的庭園。製造一個對味覺訴求、對香味訴求、對聲音訴求及對眼睛訴求的心象庭園。」

訓練17 獲得心緒平和的皮膚感覺和運動感覺的活性化

接著是皮膚體驗的活性化。

「深深地吸一口氣，讓美妙的情報從全身的皮膚進入，提高各位皮膚的體系機能。反覆做此心象練習時，過去的皮膚感覺得以復甦，甚且可以用皮膚感應，目前心象庭園的皮膚感覺、清風徐來的感覺、或溫暖而舒適的感覺。

請親自體認這樣的感覺。慢慢給予淨化，提高所有的層次。」

其次是敞開運動感覺。

「請讓肌肉系而來的情報、關節伸縮的機能的一切，隨著呼吸提高其能力。深深地吸一

心象庭園
吐氣
吸氣

口氣，情報已迅速而調和的型式進入，讓所有的系統充電。諸如不正的姿勢、肌肉緊張、肩酸、腰痛等等，各位只要稍微移動身體即可使其消失。擺動脖子、扭動肩膀或確認腰的位置、腳尖、指尖的位置，讓自己設定在最心曠神怡的生存狀態下。若和呼吸共同練習，不久必會發現身心一併復甦的自己。」

訓練18 充滿能力的內臟感覺的活性化

隨著吸氣，內臟將漸漸充滿活力。「提高內臟機能的情報從外而來，使內臟活性化。原本怠惰停滯的內臟機能，一切融通調和而開始活動。

請想像在心中的庭園內，自己正處於最高的狀態。

請想像自己處於最高的狀態，自己的心象空間被設定在最高的狀態。吸氣時四周漸漸變得明朗。各位的心象空間充滿著光及美妙的色彩。請仔細地觀察。

原本看不見的心中的各個細微部份，漸漸變得鮮明，不僅是中心視野，整個心的視野、東南西北、上下、四面八方飽滿著嶄新的光芒，使各位的心象空間變得鮮明。」

請張開眼睛。以上的訓練是爲了感覺的活性化、輸入情報的活性化。請把在視覺、聽覺、味覺、嗅覺、皮膚、運動、內臟感覺的訓練，所感應或體驗的事實記錄下來。一邊書寫時一邊端正自己的姿勢，鬆弛肌肉的緊張。務必讓自己的心處於更舒適的狀態。

〈體驗談〉心情暢快而頭腦也變得輕盈

依序進行感覺的活性化訓練後，意識的層次會往下降低，因此，有人會覺得心情舒暢或昏昏欲睡。這些現象並不必掛意。多數的情況是，即使是作夢般的心情也能持續心象訓練。不過，如果在較淺的意識層次下描繪心象，會有較多和一般的夢一樣，無法想出的部份。

介紹幾個體驗談。「風景產生變化。濃郁的深林、徐緩彎延而下的小道、並排的小屋、煙囪、羊群……。這些景物出現在庭園後側。周遭甚至充滿著食物、花叢及友人。肌肉的感覺在每個競技運動的總目上重現記憶。感到一種豐富而輕柔的情緒。雙手臂不再有感覺。」

「也許是空腹所致，意識集中在味覺及香氣上時，即有食物飛向前來，立即大快朵頤。集中在皮膚上時，體內的酸疼呼叫起來。」

「全部做完後，張開眼睛時，心情非常好，覺得暢快不已。頭腦也變得輕盈。」

「在心中的理想庭園內，有一個逍遙自在的我。」

做此訓練立即回復健康

3

肌肉緊張是身體的語言

在SRS的心象訓練的講習會中，曾經在休憩時間，調整有肩酸或腰疼的參與者的身體。身體狀態和心象狀態有密切的關連。希望各位能理解其事實，以及「肌肉緊張是身體語言」的事實，希望透過與身體的關連，加深描繪更完善的心象體驗。

以下舉一位O女性的例子。她的雙肩僵硬卻無自覺。一般，肩膀僵硬卻無自覺的人意外多。而她的僵硬尚屬輕微，喉嚨有喉頭炎，這和肩、頸的僵硬有關。因爲，發出喉嚨聲音的領域，是副交感神經一部份的迷走神經所支配。

當喉頭疼痛時，一般人會直接給予治療，但迷走神經是起自腦幹，延伸到頸側部份，再分支到喉頭部，因此，O小姐不必直接治療喉部，可從其他側面做治療。

換言之，O小姐只要調整頸或肩，即可能改善喉頭炎，而事實上O小姐當場在我的調整下，聲音立即獲得改善。

閱讀身體後給予說服

肌肉的緊張是身體的語言。O小姐是以喉頭炎爲中心，從該處所延伸的各種語言，波及到身體而分佈。治療她的肩、頸僵硬，自然會製造對喉頭炎造成效果的，有效的語言配列。

請各位瞭解，身體肌肉緊張的分佈，已成爲一種文章的表現。如果能確實讀取其內容，改變成較好的文章，自然會改善身體的動作、姿勢，肩膀也不再僵硬。基於這一點，SRS所實行的健康法，可以稱爲 Reading 。換言之，SRS的方法，是閱讀身體的呼叫或情報，說服其轉向較好的方向。我暫且利用手指試行說服。「這裡有一個病槽，用此信號做出語言傳達出來，因而必須紓解此部的痼疾。如此即無僵硬感。」

換言之，利用身體的一部份說服身體的毛病。只要能「閱讀」即能給予應用並說服。一旦能閱讀且說服身體，自能矯正錯誤的身體語言。

遵循身體的文法給予刺激運作

對於身體，我們只用心靈的語言給予勸動也無濟於事。因爲，身體有其獨自的文法，只要能掌握其文法，遵循其法則給予說服，即可當場消除肩膀僵硬等病症。因爲肩膀僵硬，而在肩上施針或做灸療法，也許徒勞無功。因爲，縱然當場感到舒適，卻是較薄弱的說服法。敏感的人可能當場身體即被說服而紓解，但一般人卻難以因此而紓解痛苦。因此，肩膀僵硬的症狀會長續持久十年、乃至二十年。

事實上，只要我碰觸他人的肩膀，立即能明白其肩膀僵硬已持續幾年。觀察肩膀僵硬的成長，和看樹木推測其樹齡的方式類似。在體內成長的語言的樹木就是肩膀僵硬，這棵數上還有根、樹幹、樹葉及花朵。肩膀的僵硬是活存的。若要擊退活存的肩膀僵硬，只能給予說服。說服的方式有多種，譬如，利用腳給予說服。腳的動作或其所朝的方向，和肩膀僵硬有密切關係，簡單的方法是，只利用腳尖的動作，即能有效地說服肩膀僵硬。當然，心象法也是有效的活用法。

利用特定的姿勢打開說服的窗口

在肩膀僵硬的症狀中，令人感到有趣的是，它符合生理學上右肩僵硬者左腰即脆弱的對應關係。同時，筆者所稱呼的腰痛的反應點，正位於肩膀上。它是位於接近於肩井穴道的附近。非常有趣的是，採取某種姿勢，該穴道會變得極敏感，事實上曾誇言從無肩膀僵硬症狀者（事實有之），因爲採取該姿勢而打開疼痛的窗口，終於有劇疼感。而且，若說服腰痛的反應點，腰痛即當場消失。這類有趣的規則、組織體系，潛伏在人體的四處，重要的是必須給予活性化。

心象訓練隱藏著對這類身體體系造成影響的效果。尤其是在SRS速讀的中級班，實習者可以實際地去體驗，心象訓練對身體柔軟度會造成何種變化。每個人心象的方式，和身體的狀態完全對應。心象的方法有時也會創造身體的僵硬感，如果反之給予活用，極可能利用心象法消除身體的僵硬。

改善心象必須改善身體

從另一個觀點分析前項的事實，若要改善心象法，必先改善身體。而改善身體，也必須改善各位的心象方式。但並不侷限於心象法。人心有許多的「分支」，各個分支會彼此產生同樣的影響。

人心有語言、心象及感情、內臟（不隨意系）和肌肉系（隨意系）等個別的機能，其他還有潛在系（潛在意識系）的領域。這些機能領域彼此互通生息，透過彼此的互通而相互影響。不過，各自有其不同的文法體系，彷彿處於彼此使用不同語言的狀態。因此，其間必須有一個溝通的翻譯，但即使不翻譯，也具備原始的機能可使其相通。譬如，當擁有某種心象意識時，各位會感到緊張。這個心象只要每個人具實地去想像，獨自站在懸崖邊的景象即能瞭解。從這個事實看來，某種視覺心象，對肌肉的分佈會產生直接的影響。

房間的形狀會對緊張造成影響

你平時擁有何種的心象，會持續對肌肉的緊張造成影響。譬如，假設某天的講堂上，教室的正中央有一根大柱子。長時間待在這樣的教室裡，某些人因此而身體感到不適。不管當事者是否自覺其理由，但身體會受到該大柱子的影響，對身體的緊張造成影響。換言之，從感覺而來的情報，會改變肌肉系的語言。結果，位於有大柱子一側者，和相反側的人，肌肉的僵硬感也會出現誤差。

在某日的講習會上，我發現朝前坐在左側的新面孔較多，右側則是已實踐SRS的舊生。在右側的視野上注視主講者的我，和從左側的視野看講台上的我，情報處理的方式不同，講習者在無意識間已採取符合當時狀態的情報處理位置。

心象訓練乃是本書的主題，希望各位能瞭解，其最終目的乃是在我們的心中，讓語言、心象、感情、內臟、肌肉全部和鳴互通，一起合作演出各位的人生。

內臟有語言

由此可見，確實掌握各體系的語言何其重要。心象也有其語言，內臟也有語言，感情自然也有其語言，而其中有將各個語言做適當配列組合的文法。確實掌握住文法要領，而能做適切翻譯，甚或對身體做說服時，將是多麼美妙的事。但一般人卻辦不到，一旦處於某種狀態下，原本只會造成精神上的壓力，對內臟卻造成影響，而染患胃潰瘍或大腸出現毛病等。

我是消化器系的專科醫師，當患者苦訴胃部疼痛或腸疼痛時，絕不草率下定論。通常即使是書寫慢性大腸炎或過敏性大腸炎等診斷書的情況，實際診療患者的身體時，即明白其疼痛的訊息從何而來的「悲鳴」，而判斷是「你的左腳腕不適」，或腰部有某種毛病導致蔓延到腹部等等的情況，實際在該處做治療而消除疼痛時，才是最適切的判斷法。接著給各位提示一例。

類似膽囊炎的疼痛例

某女子因右上腹部疼痛而前來門診。診療時明顯地看出，教科書上記載的膽囊炎的症狀。但從恥骨到右上腹部的肌肉，蔓延著緊張的抽搐，這是醫學書上少見的症狀。經過採血檢驗或做超音波，也沒發現異常。

我根據以上的診察所見，判斷這乃是身體的哀號。因此，檢查其腳部的指頭時，其右腳無名指感到疼痛。右腳無名指乃是古來爲人所知的膽囊的經絡。上腹部感到疼痛自有其道理，同時也確認出右肩的反應點。因此，我利用ＳＲＳ的方法，在其右腳的指尖做刺激，當場即消除肌肉的緊張，疼痛也不見了。只要順應身體的文法，即可能有異於往常的不同因應之道。我深切地覺得，不論是東洋醫學或西洋醫學的體系，在瞭解身體語言的這一點上尚處於不夠充分的階段。發覺語言並使其豐富的方法，可利用累積體驗而使其進步。因此，努力去瞭解身體的語言，並從觀察各式各樣的人，累積解讀隱藏訊息的練習。

身體的治療可改善視力

在例行SRS的某些健康法時，常見視力轉好的例子。

某天，我在SRS的兒童班講習會上，檢查全員肩膀僵硬的狀態。結果發現，九歲到十五歲的學生，全體都有肩膀僵硬。當然，有些兒童並無自覺。在我檢查的過程中，當場若無其事的爲全體學生的肩膀僵硬做解除的動作。結果，一名小學六年級的F學生的母親，在一星期後的懇親會上，向我報告說：「上次承蒙老師爲小孩治療肩膀僵硬，現在他的視力變好了。」SRS的方法會對自律神經系造成重大的影響，也會影響毛樣帶的緊張度。十二歲的學童有可能染患假性近視，因此，當場即改善其症狀並不足爲奇。

令人省思的語言體系位於身體內，也位於內臟內，以及感情內、心象內、以往的語言體系內。敞開心面對異於以往語言體系的新的領域，致力於讓全體窗口打開的功夫，不但可提高心象能力，也能增強速讀力。

4

嶄新能力甦醒的十二種心象旅行

利用劃期性的十二種心象訓練，開拓潛在能力

ＳＲＳ中有十二種心象訓練。這種心象訓練，是採取異於往常的方式，操作心中心象的的基本指針，因此，以時鐘的文字盤做爲配置關係。

一是心象的擴大法；二是心象的移動法；三是心象的回轉法；四是將心象映照在鏡中的鏡像法；五是在心象著色的彩色法；六是賦予心象光芒的採光法；七是複製心象的增殖法；八是使心象變化的變容法；九是賦予心象生命的活生法；十是改變心象本質的變質法；十一是融和複數心象的融和法；十二是接續心象的接續法。

各個訓練法有其豐富的訓練模式，ＳＲＳ的聽講者，根據各個步驟依序學習。在此簡要地學習要領，在日常的生活中經常運作心象。只是描繪心象並無法進步，遵循某種法則而活動，才能覺醒嶄新的能力。而新的空間及心象空間，將可衝激性地大幅掌握。

十二個訓練各有其獨自的效果

接著，事先爲各位說明，各種能力會產生何種效果。

第一的擴大法，是賦予獲得把事物擴大縮小而有新的觀察方式的能力。

第二的移動法是，移動新的領域，賦予改變心情的能力。

4. 嶄新能力甦醒的十二種心象旅行

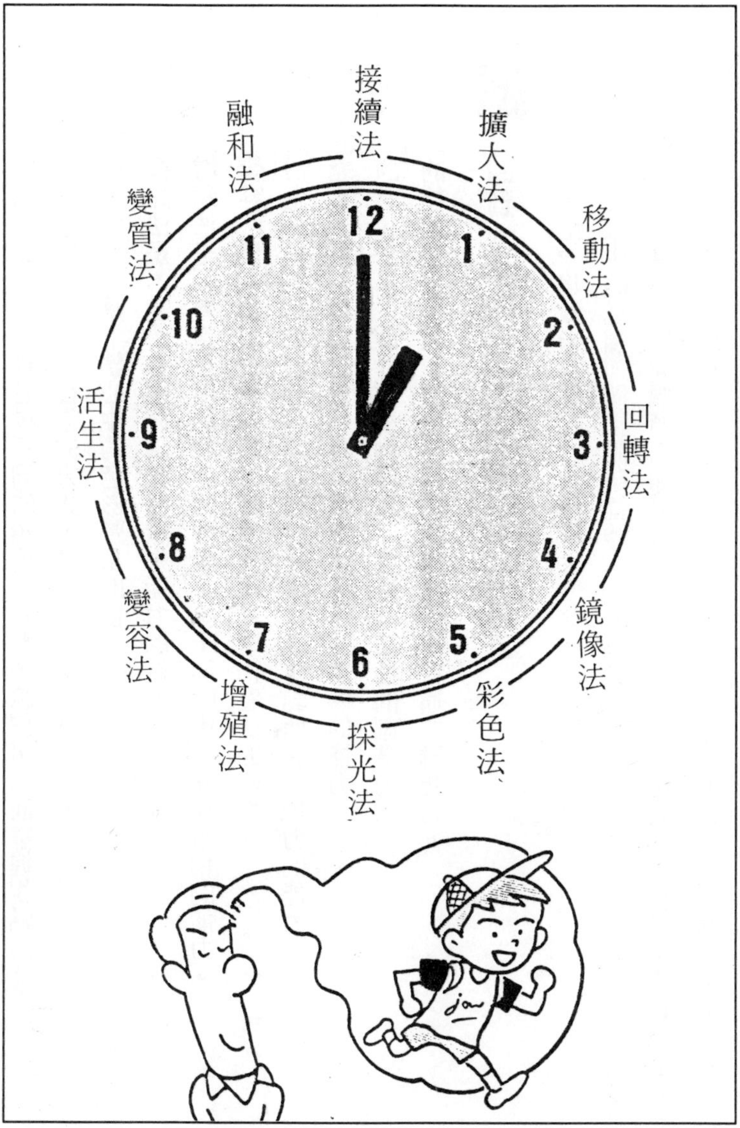

第三的回轉法是，給予從各種不同的角度，新鮮地瞭望事物而掌握視點的能力。
第四的鏡像法是，以異於往常的方式，賦予擴大新領域的能力。
第五的彩色法是，賦予讓心中的色彩豐富的能力。
第六的採光法是，賦予心中充滿光並產生能力的能力。
第七的增殖法是，豐富且增加心中的要素，給予同時處理多樣事物的能力。
第八的變容法是，藉由改變外觀，賦予變化對事物看法的能力。
第九的活生法是，賦予讓心中的知識，變成生氣蓬勃而具有能力的能力。
第十的變質法是，藉由改變品質，賦予產生新的體驗的能力。
第十一的融和法是，使異質事物融和，獲得飛躍性的創造力。
第十二的接續法是，賦予讓毫不相關的事物融會貫通的聯想力。

訓練19 回到六歲的自己開拓新能力的分支

以下，和各位一起做十二種的心象訓練。
再次回到心象中的庭園。閉上眼睛描繪。「各位的年紀，回到六歲的幼時。請各位想像，長得天眞可愛，毫不受世間偏頗的知識或固定常識所束縛的小時候的自己。讓自己回到小學一年級，或入學前、上幼稚園左右的年紀。當時的各位所擁有的心象領域，尚有活性化的能力，可以一再地創造新的心象，請下定決心從該處再拓展新的心象能力的分支。」

我們隨著成長，會增強抽象概念。抽象概念並不具有形狀、色彩或大小，因而隨著此概念的增強，我們會漸漸失去描繪具體形象的能力。這一點和語言能力的發達、理性能力的發達也關係密切。回復到此出發點，重新拓展知性的分支，乃是SRS心象訓練的意圖。以下的訓練將依序活用十二星座的形象。

訓練20 一點的國家的旅行——可自由改變大小的神奇世界

六歲的各位接下來將踏上冒險之旅。

「首先，朝心象世界的一點的方向，換言之朝向東北北的方向持續徒步旅行。途中和一匹山羊碰頭，山羊一邊吃著草，一邊發出ㄇㄟㄇㄟ的叫聲。請想像這樣的場面。這隻山羊，在僅只六歲的各位的眼中，顯得異常壯大。試著撫摸令人畏懼的山羊。結果，各位每撫摸一回，山羊即長大一圈。各位感到驚訝。請仔細地觀察，山羊是在那個地方用何種方式變大。一併注視其臉孔及尾巴，環視周遭再確認一次。那麼，再撫摸一次。結果，山羊變得更大，比原先大約五倍。這是隻令人匪夷所思的山羊。由下抬起頭來，呼喚一下山羊。『怎麼變得這麼大？』也許山羊會回應什麼。你可以潛入山羊的腹部下，從該處抬頭往上望。在該處再撫摸一次山羊的腳。結果，山羊的體積變得比原先的十倍大。

太有趣了，再撫摸一下吧。二十倍大。稍微遠離山羊，仔細瞧瞧與周遭狀況的調和性。你應該可以看到地上的草和自己的渺小，和巨大的山羊比較起來是何種的模樣。逕自吃草的二十倍的山羊變得更大。變變變……變三十倍、四十倍、五十倍。請體驗這樣的感覺。

難道没有比它變小的方法？不如用腳踢一下山羊看看。

結果山羊的體積從五十倍大縮小到四十倍、慢慢地縮小了。你覺得有趣，因而再踢一腳看看。結果又從四十倍變到三十倍大，然後再縮小到二十倍。山羊的眼睛骨碌碌地轉動。再變小爲十倍、五倍。然後回復原狀。

心象中的主角是個調皮搗蛋者，他再用腳踢一下，山羊只剩下原來的一半大。覺得有趣又再踢一腳，結果變成小狗般大，再踢一腳變成貓一般大。再踢一腳像是老鼠般小了。像老鼠般的山羊發出ㄇㄟㄇㄟ的叫聲。然後用鞋子一腳踢開老鼠般的山羊時，山羊慢慢地變小且消失無蹤了。」

請打開眼睛，回想剛才的內容做一番確認。

只要擴大夢境，縮小令人厭惡的事物，即可消除壓力

請每天使用，前述心象的擴大縮小能力。

試著思考如何去使用的應用法。譬如，可以在腦海中想像令你煩惱或討厭的事的景象，

4. 嶄新能力甦醒的十二種心象旅行

可自由改變大小的一點的國家旅行

嘗試讓整個事態變成只有一半的大小。不妨用腳踢看看。各位如果在心中力行這樣的應用法，隨著意圖或價值擴大、縮小心象的內容，也許會出現異於往常的思考模式或感覺。

另一方面，也可以具體地描繪各位對未來所抱持的夢想，讓該夢想依自己的想像膨脹壯大。只要想到渴望有什麼樣的住宅、自己處於何種狀況下，即可自由地給予擴大甚或精緻地縮小。

藉由這樣的構想法，若能產生生活空間的活用或行動的變化，也等於活用了擴大縮小法。在工作場合，重要的是應具備把各位所從事的工作內容，或器量的大小，做擴大、縮小或各式各樣的變化、轉換的構想。那麼，請記錄心象訓練所描繪的內容。

〈體驗談〉潛在意識會製造意外的體驗

缺乏擴大能力者，無法使山羊變大。當山羊變大五十倍時，是否眞的有五十倍大，乃是此種能力的關鍵。請想像山羊眞的膨脹起來的情景。只是瞭解意思並無濟於事。請磨練自己，擁有擴大想像的心象力。心象體驗是個人的體驗，因而並沒有一定的規範或約束。只要自己覺得愉快即可。當潛在意識與心象製作交合時，通常會出現意外性。

以下例示幾個經驗談。「撫摸後，山羊一邊鳴叫一邊長大，身上的毛變得粗大而有趣。當它身體越變越小而消失不見時，令人感到相當奇妙。」

「讓山羊的形體擴大時，山羊的整體幾乎無法進入整個視野。」、「牧場上有隻山羊，當它變大五十倍時，身體已超出整個牧場。」

「擴大後（在心象中把山羊擴大）抬頭一看，覺得脖子酸疼、把它縮小後，忍不住抱起來撫摸。」

「山羊的毛變得像是扁擔般的粗大而硬。」

「隨著身體的壯大，山羊的眼神也不一樣了。」

訓練21 二點的國家的旅行——享受隨心所欲移動的樂趣

接著，各位從一點的國度朝二點的國度，持續徒步旅行。

「不久來到東北東，在二點的位置上出現一面湖。該湖畔有一個水瓶。請具體地想像。是誰帶來了這個水瓶？極大而重的水瓶。小孩搬這個水瓶可大費周章。稍微撫摸一下，觀察大約有多重。其中注滿著水。內心疑惑的想著：到底誰要喝這個水？並探頭看著瓶內。在占星術上，水瓶代表知性的器皿。我們正是要磨練知性的體驗。

因此，當兒童下達『動！』的命令時，水瓶開始移動。指示它『往那邊走！』時，描繪水瓶依命令移動的情景。這有趣吧。當叫水瓶：『往右走！』水瓶則朝湖的方向移動。這時再呼喚它：『回來！』水瓶眞的乖乖又回來了。指示它：『加快速度！』果然提高了移動的速度。叫它往左邊，立即朝左邊移動。一高興命令它：『上升！』水瓶果然漸漸上升，飄揚到空中。然後再回復原位。命令它：『潛入！』時，它眞的一頭鑽入大地。

請描繪上述的狀況。在心象的世界中，做上下左右前後及斜側的空間移動，是移動法中所要磨練的第二種能力。自己再下達指令，確認水瓶是否言聽計從。水瓶的印象確實移動了嗎？讓其移動一百公尺、二百公尺後再回復原位。再移動心象時，有某種的抗拒感。請感應這樣的抗力或重量。」

請張開眼睛，記錄下什麼樣的水瓶做了那樣的移動。

在日常生活中，可隨時應用類似的構想。如果把眼前的事物移動，會有何變化？思考如果移動椅子的位置，整個空間會變成如何等等。在家裡改變家具的配置位置、更換地板的絨毯，這一點變化即能改變氣氛，甚至覺得房間比原來的大出許多。

心象具有「確實移動」的要素也很重要。當可以感覺眞的朝右邊移動時，表示心象的世界中已存在右邊的視野。心象無法移動的人，也許是缺乏移動能力，或視野尚未建立的人。

使心象移動的二點的國度的旅行

訓練22 三點的國度的旅行——用可自由回轉的嶄新視野觀看事物

接著在南方持續旅行。「從出發點走進正好位於東方三點方向的世界。眼前有一條清澈的河川，其中一部份是飛揚著白水泡的瀑布。在瀑布底下的深水內，游著巨大的河魚。

這時，六歲的少男少女們群起跳入水中，或游泳或潛入水內探測水位。結果，河魚們在水中不停地旋轉。請描繪當時的狀況。

不久，水中的魚兒一躍露出水面上，在空中回轉。

各位也潛入水中，繞圓地旋轉並體驗水的感觸、皮膚的感觸、平衡感的變化等。隨著深度的不同，周遭的氣氛及四周的景象也會改變。

在這個單元請學習心象的回轉法。你能舒適而做美麗的描繪。這是使心象回轉極爲重要的要點。」

在此，請具體地記錄心象的體驗。

使心象回轉的三點的國度的旅行

訓練23　四點的國度的旅行——打開心的領域操作心象

從瀑布上岸，六歲的各位們持續徒步旅行。

「不久，來到四面都是冰的冰村。入口有一隻羊，帶著羊走進村內，看見四處都是巨大的冰柱、冰壁。鑽頭探視冰壁，其中有自己的影子，彷彿照著鏡子一般。請讓年方六歲的兒童模樣的自己，映照在鏡中。

想像當時自己的身高、表情、心態表現、手足長短等，從鏡中世界找出自己的模樣。也瞧瞧身旁的山羊的模樣。走進冰柱雜亂紛陳的廣場，左、右都是鏡子。各位的身影做多重的反射，到處都可看見各位的模樣。請體驗隨著動作，這些映像移動的感覺。也一併觀察，各位手上所拿的物品、穿著的服裝或山羊的毛皮，在鏡中呈何種模樣的映照。冰面光滑的地方，影像顯得鮮明，凹凸不平的地方影像則模糊不均。」

以上是在四點的國度，鏡像的心象體驗。請做鏡像法的體驗記錄。

4. 嶄新能力甦醒的十二種心象旅行

操作心象的四點的國度的旅行

訓練24 五點的國度的旅行——以豐富的色彩裝飾心而遊樂其中

持續旅行。「放下羊離開冰村，再持續徒步旅行，來到一處美麗的花圃。花圃的對面是一望無際的牧草地，該處有許多的牛隻正吃著草。把注意力集中在色彩上，描出該情景。花圃上美麗的百花爭豔。在徐緩地吃著草的牛群邊，有鮮紅的花，請確實地描繪其情景。也描繪橙色的花朵。其中也盛開著黃色、藍色、中間色的花朵。

從樹的翠綠和樹梢的黃綠。全部把它描繪出來，而清澄的天空、褐色的大地，隨各位喜愛的顏色去塗抹。不僅是眼睛，以皮膚全體去感應所有的色彩。

這個國度是色彩之國，在此所學習的是彩色的能力。用語言思考色彩，和以實際的心象去描繪，完全是不同層次的能力。彩色能力也有各種不同的階段。不要認爲已經達到足夠的階段，盡量往更高的層次追求更上一階段的能力，並享樂其中。」

那麼，請記錄下在彩色法的心象訓練中的體驗。

利用色彩和心象做描繪的五點的國度的旅行

訓練25 六點的國度的旅行——以光充滿心而獲得能力

接著再持續徒步旅行。「朝南方前進。來到一處四處都是明亮光芒閃耀的村莊。在村裡碰到一對個性開朗的孿生姊妹。孿生姊妹各自穿著不同的服裝。各位請和這對孿生姊妹做短暫的交談。但是，越聊越投機，而她們的身體也閃爍地發著光。自己決定這些光是如何的發射，並做鮮明描繪。意識到色彩與光。

不久，天色漸入黃昏，隨著太陽的西沉，在昏暗的餘蔭下，孿生姊妹的服裝顏色、皮膚顏色、頭髮顏色，各以不同的色澤、光彩、鮮明發著光。請仔細地注視著這種神奇的光景。隨著這兩個姊妹的移動，其周遭的光也改變周圍的景色。試著讓姊妹們奔跑起來。結果，周遭也閃閃變化光芒並改變色彩。隨著兒童們的感情，所發出的光也改變，而和喜怒哀樂等繪畫中所產生的變化，相互輝映地連色彩、色調也產生變化。注視著這個光景，感到一陣活力。」

請記錄以上的記錄後，再持續旅行。

獲得光的能力的六點的國度的旅行

訓練26 七點的國度的旅行——全方位移動多數對象

持續心象世界的旅行。

「和學生姊妹分手後，從出發點朝七點的方向、西南南的方向前進。時間已是晴朗的黎明。結果，眼前出現一個巨大的水泉，其中有一隻螃蟹。那隻螃蟹正不停地產卵，生出許多的小螃蟹。它的速度相當驚人。從一隻立即變成兩隻。而兩隻小螃蟹再各自生了小螃蟹，變成四隻。各個小螃蟹一邊移動，一邊慢慢地成長，隨後又再生育小螃蟹，請描繪螃蟹陸續增殖的模樣。

泉水邊的螃蟹從四隻變成八隻、八隻變成十六隻、十六隻變成三十二隻。……不久，一千隻、二千隻、四千隻……從對面湖岸到整個湖邊旁，螃蟹一再地繁殖增多。各位看著不禁嚇一大跳。螃蟹龐大的氣勢，群體攻向陸地而來。在泉水中的水藻之間，螃蟹也源源不斷地繁殖。請一再地描繪這種心象，當視野周邊全部被螃蟹所佔據之前，再逃離該處。」

在此，請記錄下剛才的心象體驗，這種體驗稱爲增殖法。

使心象增殖的七點的國度的旅行

訓練27 八點的國度的旅行——改變外觀、深入理解對象

各位從螃蟹的族群中脫逃而出，持續徒步旅行。

「最後來到某座森林的入口，和一頭獅子不期而遇。這隻獅子具有變化成各種形體的能力。

當你和獅子對話時，獅子一再地改變容貌、形體。首先，獅子變成一隻猿猴。請想像獅子變成猿猴的過程。依序做連續性的變化，展開形體扭曲而變形的場面。

其次，那隻猿猴變成蜘蛛。那隻醜惡而巨大的蜘蛛嚇著了仍是孩子們的各位。請觀察原本只有四隻的手足，如何變化成蜘蛛的十隻腳。

接著，蜘蛛慢慢變大成鯨魚。請觀察整個變化的過程與模樣。而鯨魚再慢慢恢復成獅子的模樣。」

以上是心象的變容機能。請記錄變容法的心象體驗。

4. 嶄新能力甦醒的十二種心象旅行

使心象變容的八點的國度的旅行

訓練28 九點的國度的旅行—賦予各種事物能力

年紀輕輕的各位持續旅行。

「各位和獅子分手後持續旅行。接著朝九點的方向。亦即西邊的方向前進，在森林中有一座城堡，在城堡裡碰見了公主。那位公主具有神奇的能力，她可以用手指讓所接觸的事物富有生命。公主和各位愉快的交談並四處遊逛。

當她的手碰到石頭，石頭立即變成生物而開始說話且移動。請觀察整個情景。公主的手碰觸樹木時，樹木也移動而開始說話。這個情景也要觀察仔細。如此公主給予周遭所有事物帶來生命，賦予活動的能力。並給予感情、語言、公主也讓昆蟲及花朵帶有語言、感情。有無其它可賦予生命的事物呢？」

各位也可將這樣的機能，活用在日常生活的構想法上。

以上是所謂活生法的心象訓練。請記錄這個體驗。

給各種事物帶來能力的九點的國度的旅行

訓練29 十點的國度的旅行——改變本質獲得新的體驗

接著往北前進。「走著走著，看見路旁一棵腰斬的樹幹上放著一個天秤。天秤的盤子上，放著一種顯得黏膩而奇怪的果醬狀物品。那是一種具有一再地改變本質的奇幻物體。果醬狀的物體慢慢變成一顆鑽石。堅硬的鑽石在太陽光下閃閃發亮。再仔細一瞧，鑽石又變質爲顏色暗淡的金屬。這時重要的是能具體地描繪整個變化的過程。

對著金屬仔細觀察，發現它慢慢地變得破碎而呈一堆白灰。然後，白灰又慢慢凝聚成塊，變成一個蒟蒻。

那塊蒟蒻慢慢硬化，然後破碎成一堆泥。泥巴再凝固成一片肉。而肉再度變成一束草。在天秤的圓盤上，物體的本質一再地改變。試著再讓它變化成各種物體。」

在此習得改變本質的變化法的心象訓練的技術，請記錄下其中的體驗。

使心象變質的十點的國度的旅行

訓練30 十一點的國度的旅行——獲得飛躍性的創造力

持續旅行。「再往北持續徒步旅行時，來到沙漠的邊緣。在此碰到許多的蠍子。各式顏色的蠍子慢慢聚合成體。

紅色和黃色的蠍子聚合變成一隻橘色的大蠍子。而那隻巨大的橘色蠍子和綠色蠍子合體時，變成一隻有綠色斑點的蠍子。那隻蠍子和附近的沙漠之花合併成一體。結果變成會開花的蠍子。而開著玫瑰花的蠍子和老鼠合而爲一體。結果變成長著毛又發出鳴叫聲的蠍子。像這個方式，兒童們親眼目睹各種心象合體後，慢慢增殖爲形體怪異的生物的世界。各位也憑自由的幻想，做各種心象合體的訓練。什麼和什麼合在一起較好？不妨在日常生活中也思考其活用法。」

在此所學習的心象操作方法，稱爲融和法。請記錄其體驗。

使心象合體而獲得創造力的十一點的國度的旅行

訓練31 十二點的國度的旅行——連接毫不相關的事物提高聯想力

「在沙漠地帶迂迴而行，攀爬到北部的山地上時，來到位於高台上的正北的國度。那裡有一個大斷崖，各位碰到拿著一個巨弓的巨人。巨人所拿的箭異常的長。少年所看到的是，巨人把箭架在弓上，朝斷崖的對岸空間射出箭。

弓箭碰到途中所遇合的各種心象，並一一穿刺而過、飛向前去。弓箭自由自在地穿越各位的心象空間，彷彿將肉丸子穿在竹串上似地，一一地穿刺過不同的心象。請確實地描繪出這種景象。

首先，浮現第一種心象，並讓箭穿越而過。其次再浮現第二種心象，再讓箭穿越而過。其長無比的弓箭依序穿刺各式各樣不同的心象，有如串著一串肉丸子一般。

——不久，那把長弓箭有如回旋棒似地回轉而來，一頭栽在各位的跟前。請觀察那把長弓箭上，依序穿刺著什麼樣的心象。」

張開眼睛，記錄下心象結合法的體驗。

4. 嶄新能力甦醒的十二種心象旅行

連接心象而提高聯想力的十二點的國度的旅行

利用十二種心象旅行豐富心域

在此之前我們經歷了發出光芒、螃蟹增殖、獅子變身、公主賦予生命、天秤的秤上改變本質、蠍子融合成另一種形體、射箭者串連各種不同的心象等等的歷程。

各個階段以快馬加鞭的速度通過者，也許無法盡善地描繪心象，但我認爲，順著時鐘的指針，讓每一個心象活性化，讀者必可獲得自由地移動心象世界的能力，且能豐富心域。

在這個基礎訓練上，我們運用了十二種星座的心象。

此外也有活用文字的方法。這是非常重要的應用法。使語言的世界活性化時，可以利用這樣的技巧。

在SRS的速讀法上，是以十二種技巧運用各位語言的領域，並和心象融會貫通而使其活性化。建立稱爲SRS語言空間的另一種新的語言世界。進入這樣的語言空間，而利用速讀的方式，即可產生異於往常語言處理的性能及機能。

5 充滿氣力的光的心象訓練

訓練32 光的擴大訓練——使心緒爽快、氣力充沛

本章將試著進行，以光為主體的心象訓練。「光」具有賦予心活力的性質。利用該能力消除令人不快事物而覺得有活力時，再做想像而準備以下的訓練。相信您不僅會感到情緒舒爽，整個人也充滿著氣力。

「首先，隨處寫下一個『光』的字，請記憶自己的筆跡。然後閉上眼，做以下的訓練。想像眼前出現一個『光』的文字。自己決定該文字的大小是幾公分。這個文字位於各位的語言空間內。

那麼，遵循前章一點的法則，將『光』一字慢慢地擴大。文字慢慢擴大到五倍。然後再擴大到十倍。

接著再讓它擴大到二十倍。請再讓它擴大。」

隨著「光」的擴大，是否越來越看得清楚？亦或變得曖昧不明？這完全取決於各位心象空間的性能。

訓練33 光的移動與回轉——移動光的心象而變健康

「根據二點的法則，在心的庭園內移動已加大二十倍的『光』的文字。請觀察文字朝前

後左右移動的模樣。當周遭可能碰觸某種障礙物時，『光』這個文字以吹彈而過的氣勢移動，朝上跳躍而過，再用力地潛入地面。賦予『光』力量吧。形體在鮮明之後並賦予其能力。接著，依三點的法則做回轉。

『光』的文字有如旋轉槳一般地開始旋轉。周遭起了一陣風。請感應當場的情景。並注意觀察文字回轉的模樣。

首先，有如花式滑冰般地，在縱軸的外圍旋轉。

接著朝橫側骨碌回轉。開始做橫轉方向的回轉。然後在空中打一個翻滾，回到房間內四處繞轉，有如手中劍般地四處轉動。請自由地描繪該場面。」

這可以說是「活蹦亂跳的文字」做運動的場面。

訓練34 光的鏡像和彩色——心中充滿彩色而變得開朗

接著是四點法則的鏡像法。「有一面鏡子，『光』來到鏡前，在其面前擺動。文字擺動時，鏡裡的世界也看得見該影象。鏡子不是單一鏡，而是三面鏡。『光』在鏡前搖拽擺動時，鏡中的『光』也一併起舞。而且，天花板及地拽板上也安著鏡面。整體都是鏡子。當『光』移動時，無限的光的心象在空間中開始運動。親眼目睹這番景象，試著讓所有的『光』同時移動。當心裡充滿著『光』時，情緒也會變得開朗。」

然後，依循五點的彩色法的法則，讓『光』帶著顏色。「請各位確認目前所看到的顏色。試著讓它改變顏色。先讓光呈鮮紅色，再讓它變成橙色的『光』。然後變成黃色，再變成鮮明的綠色。接著從藍色變成藏藍色、紫色及銀色，最後瞬間性地讓七個『光』一起出現。各個光自由地移動，請描繪七個顏色的『光』的文字在各位心中優游的情景。」

訓練35 光的發光與增殖——光的亂舞帶來情緒高亢

接著進行六點的法則、採光法。「讓『光』真的開始發光。周遭變得黯淡。紅色的『光』發出紅光，橙色的『光』發出橙色的光，讓這些光芒自由自在地在各位的心的庭園裡飛躍。請實際去體驗，光的飛躍帶來何種色彩的亂舞。

在七點的法則、增殖法中，漸漸增強能源的光開始分裂。八個『光』變成十六個，十六個『光』變成三十二個，增殖的光開始四處移動。

『光』在心的庭園裡，不停地發出光並保持原有的形狀，一邊回轉一邊移動地狂舞。請感應這樣的場面。

三十二個『光』再加倍、加倍而再加倍地增殖，結果整個心的空間，慢慢充滿著無數微小的『光』的文字。

這個光甚至滲透到你心裡的深處，使整個心變得開朗而高亢。」

訓練36 利用閃耀燦爛的光能，獲得環視過去的直覺力

「這些『光』一再細分、變小，閃閃發出亮光並漸漸滲透到原本不接受光的心裡深層部。那是各位已經遺忘的過去的事件、或曾經閃過腦際隨即消失的心象世界。閃閃發亮的光的顆粒，綻放出七色的光芒一再地飛舞、移動並持續發光，想像它慢慢滲透到已陷入睡眠狀態的體驗的角落。隨著這個想像，各位的心象世界會漸漸地活性化。心裡變得開朗而想法也變得透徹。結果，各位可以從現在全部看見過去的所做所爲。

請想像一名六歲的少年所在的場所發出光芒的情景。這道光也波及七歲的各位的體驗空間。不久，也滲透到八歲的各位的體驗。光波有如怒濤般地向九歲的世界邁進，它發出明亮的光輝並改變過去的體驗。

結果成爲一波光的海浪，從九歲往十歲、十一歲，朝著心象世界、體驗世界一步步地推展開來，波濤充滿著活力有如洪水般地流洩而去。

十一歲、十二歲、十三歲及高中、大學、就職乃至現在，各位所存在的世界完全充滿著光，請製作凝視著如此光景的現在的各位的心場。充滿著光的空間，正是你未來的心象空間。

它是和過去的體驗相融合，而目前正衝擊性地產生著變化，延伸到未來的各位的心象空

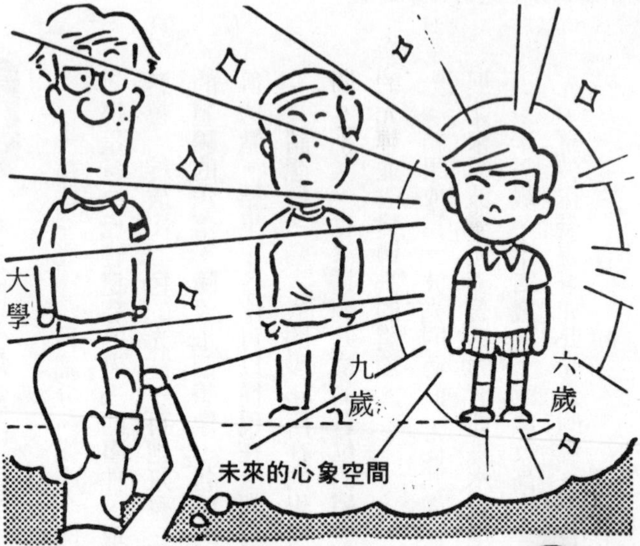

間。你現在已超越心象的庭園或過去體驗的世界，位於寬廣無比的心象場內。」

訓練37 利用光能獲得映照未來的洞察力

其次，光的波動延伸到未來。「請描繪各位明天的世界。光波襲向前來照耀世界。再描繪出明、後天的各位、及一週後的各位，光能推波助瀾而去。請預測一個月後的各位，半年後的各位及一年後的各位的身、心、社會狀況演變如何。讓光閃爍著銀亮的光輝並仔細地凝視，五年後的各位將會發生什麼事。意識之光也許可超越時間。甚或可能超越空間及物質。請觀察十年後誰會在某地做何事？國家的未來如何？太平洋有何變化？地球將是何種面貌？光的波動往前推進到二十年後的未來，請感應這樣的力量並仔細地觀察。請看著某個事物，五十年後又如何？不只是視覺而已，請將各位的所有感覺、聽覺、皮膚感覺肌肉及內臟感覺等，全部投入在未來的空間。然後做一個回轉，回復到最初心象的空間。」再次放鬆心情，張開眼睛。

利用訓練加深語言體驗

以上，我們活用十二種方法，從「光」文字體驗再開始，經歷文字本來可以做何種方式移動的事實。透過這樣的體驗，也許你以往對『光』一字所帶有的感覺將多少有些改變吧。

在ＳＲＳ中，活用光的心象訓練之類的技術，使所有的國語、任何語言產生變化。如此一來，各位對語言的觀點也會改變。

在ＳＲＳ的指回旋健康法中，是配合指回旋的動作，活用閒適、爽朗、遙遠等關鍵語句而加深心象的體驗。每一個言詞，都和目前極爲廣闊的心的空間全部相連。在這樣的感覺下，活動一根指頭、一個關節，也許語言的響聲、肌肉的響聲、骨骼的響聲會改變各位的身體，甚或改變人生、社會生活。這樣的構想是非常重要的。請記錄下光的心象體驗。而對於未來光將具有何種功能？意識和光的關係如何？爲何會發光等問題，也帶著質疑的心。

訓練38　心象的掘井工作是對深層意識的探求

其次，回復到最初所描繪的心象庭園。「在庭園內請掘一口水井。各位訓練自己從該口

1

心象的庭園—

水井，用力拉起各位深層意識裡的心象。

這是在心象做釣魚的動作。請把心象的釣魚繩放入水井中。結果釣鉤上似乎碰到某個物體，手上感應到一種抗力。那麼，請把它釣上來。再把所釣起的物品放在桌上。釣到什麼呢？」

講習者中的S先生，所釣到的是前項訓練所使用的「光」的文字。H先生則出現「發光的魚」。也有人出現「拖鞋」。這是一雙令你記憶深刻的拖鞋嗎？而有人卻釣不出任何東西。如此這般每天期待著：「今天會釣到什麼？」享受垂釣的樂趣。有時不止釣出單一的物體，可能像拔藤似地釣到一串物品。請記錄所釣上來的東西。這個心象可以做爲通達潛在意識的一個窗口。接下來一個星期內，儘量釣出豐富的物品，將其做爲瞭解自己、思考事物的材料。

在日常生活中活用所出現的心象

SRS的心象訓練首先從要素的確認出發，摘取素材、磨練感覺、賦予形體及能力。做爲素材而抽樣出來的心象中，若是取自潛在意識者，有時帶有特別的涵義。譬如，從水井垂釣而上的心象，通常帶有隱藏的涵義。甚或可以賦予特別的功能。譬如，釣上來的拖鞋，富有在日常生活中做爲穿著物的功能。同樣地，最好在心的世界裡，賦予所垂釣上的心象特定的意義並給予活用。換言之，對於拖鞋的印象，要下定決心在今天給予活用。可以把它當做日常的一個話題，或活用有關拖鞋的插曲、與拖鞋相關的感性或與拖鞋連動其它心象，交織在生活當中。SRS的心象操作法上，具備幾何學方面的方法。一般人都具有這樣的能力，但多數者卻不會刻意地活用其使用法。因此，增殖能力、變容能力及融和能力通常塵封不用，因此，爲了製造豐富的心請儘量使用。

活用瞑想法可改變人生觀

先前提及：「心並非既有的世界，而是創造的世界」在此爲各位介紹，豐富而增殖心的要素，再讓各位的心的世界更爲擴大的方法。其實擴大或移動、回轉心的世界，即能使其變得豐富。這是包含在瞑想法中的方法論。只要做此操縱法，也許人生觀也會產生變化。

一般人所追求的「心到底爲何物？」通常會歸結在「自己到底是什麼？」的問題上。不過，在心象訓練中，尚不碰觸如此深奧的主題。

「自己的確存在。」但是，藉由瞑想而達到突破自己的世界時，「自己到底是什麼？」的問題不久將跨入「那麼，他人到底是什麼？」、「自己和他人的關係是什麼？」等問題的世界。

但毫無急躁前進的必要。首先應磨練身邊各種能力的類別，讓心象世界變得豐富，度過多采的人生。

描繪更完善的心象可使身體狀況好轉

請記錄目前的身體狀況。各位閱讀本書至此，若自身有何種變化，也請確認後記錄下來。氣的感覺也再做確認。能確實描繪心象時，極有可能產生某種變化。請務必記住光的心象使用法。光是一種能力，能力會使各位成長。重要的是藉由成長而創造心。不論是過去、現在或未來的事情都可以改變。請帶著如此的自信。無法給予改變的是不知道其功能，或缺乏改變的熱能。

只要擁有把所有令人厭惡的事，一腳踢開的能力即行。或者使全部事務變得光耀燦爛、美滿如意。

請不惜在心象上賦予更多的能力。如此一來，身心必能回復健康。

SRS中，並侷限於心象訓練，八大部門在某種意義上有互通串連的關連。心象訓練並不是只結束於心象訓練。

6

保證擁有美妙未來的心象訓練法

改變環境與感覺即可加強心象能力

心有描繪心象的場所。換言之，心中的某處會浮現心象、產生移動。這樣的場所我們稱爲心象之場或心中庭園，並如前述說明了在自己內部製造快適庭園的方法。而本章依然創造心中庭園並製作可擺設在庭園內的好的心象。確實掌握何種事物會對此想念之場造成影響，我們的心象能力會因而獲得改善且變得強而有力。

對想念之場造成影響的是環境。我們在思考事物、進行想像時，你所存在的場所或身體狀態的一切，都成爲環境而對想念之場造成影響。這種影響的造成方式稱爲輸入或感覺。藉由感覺的作用，環境而來的影響會波及想念之場。因此，若想改善想念之場，必須改善感覺的功能。因此，在前章之前爲各位介紹，改善包含我們所擁有的五感的一切感覺，諸如視覺、聽覺、嗅覺、味覺、皮膚感覺、運動感覺及內臟感覺應有的技巧。

心象的完成必須有輸出的程序

使心象臻於完善，我們必須能對外造成作用、基於心象採取行動，這也是非常重要的。透過行動才能實現心象，因而輸出的機能也同樣重要。浮現心象時，必會使用過去的體驗或記憶。這樣的機能稱爲想起。描繪某個心象時，重要的是能活用過去我們所接觸過的所有情報。如果各位的想起能力薄弱，心象能力自然也不強，如果渴望想起玫瑰的花朵，但體驗的倉庫內並無玫瑰花的資料，各位根本無法描繪玫瑰花。因此，心象能力的強弱乃取決於觀看現實的感覺是否準確。而各位的倉庫是否有充分的材料？這兩點極爲重要。當然，爲了能夠持續性地運作，心象的保存也在所必要。確實保存即可因再度的想起而活用。利用此雙重滑輪的循環關係，我們的心象能力將不停地被磨練，也可能不停地獲得改善。

感覺與記憶的串連決定心象能力

但是，如果各位無法充分地應用這雙重的串連，換言之，對感覺並不注意時，或對回憶過去往事採取閉鎖的態度時，平日的心象能力必會減弱。

這也許是所謂老化現象的實態。這一點必先做一番反省。爲了自覺各位的想起能力，請再度實行視覺體驗的想起，聽覺體驗的想起。儘量加快速度在二十秒以內做出來。如果能一想即出，表示想像力處於活潑的狀態。自覺看過即忘者，可能是根本不專心去看，或看過即遺忘、無法回想。也有可能只看討厭的事物。請回想令你覺得「好」的事物。如果在最近的體驗中並無可憶起的對象者，可將記憶追溯到十年前、二十年前。若有必要追溯到三十年前的人，可能需要反省，這三十年內到底爲何而生？

平日的神奇發現會改變人生

對各位的現狀，能正確地自我評價是非常重要的。所有一切從此開始。閱得本書後，如果多少有些改善，即有閱讀的價值。若無改善，必須持續努力。因此，請寫下昨天到今天之間，在心象中撿拾到何種令你愉快的事物。看見如此美妙的事物、有何等傑出的人、如此瑰麗的花朵等等。請寫下數個有如挖掘出的寶貝般的感覺體驗。沒有任何美妙心象者，彷彿閉著眼睛生活一般，成天的生活方式只叫人惋惜。只要充滿著好奇心張開眼去看周遭的環境，也許能發現深具魅力的人，令人讚嘆的場面，甚或可發覺出好的構想。光憑這一點也許即可改變人生。維持如此寬敞的感覺，製造可瞬間想起體驗的迴路，乃是能力開發的入口。這是身爲人存活於世界上最重要的機能，而使這樣的能力活性化才是「過得好」。

心象在時間的洪流中掌握

SRS的心象訓練並不單以如何描繪心象爲問題，而是把重點置於如何去打開通往現實世界的窗口，如何從過去撿拾體驗。如果忽視這一點，並無法改善心象。

只考慮目前各位所處的狀態而做心象訓練，乃是忘了人是會隨著時間產生變化的存在的態度。我們是從過去一直活到現在。處於現在時點，又朝未來的時光生活下去。在時光的洪流中，若能掌握自己的心象能力，即可看出心象能力從過去朝向現在如何地發達？目前是處於下坡或上坡的階段。必須從正視這一點尋求改善。

現在是基於過去的累積，而未來則架構在現在的作爲，請帶著如此的展望做心象訓練。

能力心象的活用帶來平日的健康

在SRS中，筆者將所描繪的心象中美妙的事物、具有價値事物、使人愉快的事物稱爲能力心象（筆者個人的造語）。這是我對用回想而能使人神氣活現的心象所做的稱呼。擁有多少的能力心象、而各個能力的強度如何？會使當事者的活力度出現落差。無精打采者也許是不懂得能力心象的活用法。如果想起知己好友、家人親戚、同事而能產生活力，這樣的心象即是能力心象。同樣地，想起庭院裡所開的美麗的花草，即有令人舒爽之感或湧現氣力，這也是能力心象。只要是能對各位產生好影響者，皆是能力心象。能力心象和我們的體驗、願望或價値觀也息息相關。平日仔細檢查並給予活用，乃是心象法的第一要訣。如果各位具有心象能力卻無法活用，可謂暴殄天物。請你盡量描繪帶領你朝向好方向、品質好的能力心象。這乃是SRS的心象法的目的。

從十二個側面磨練心象能力

我認爲，SRS的心象法中有十二個側面。以下爲各位做簡要說明。

第一是色彩度。請各位評價在所回想的體驗中，色彩佔居多大的程度。能夠想像出多彩顏色者，給予十分的評價。而一片黑白毫無顏色者，只有零分。請你位將心象的色彩度或顏色的交織，以十分做爲評價並記錄下來。

第二是型態。回想昨天所發生的事情時，是否能確實而鮮明的想出事物的形體？請把最理想的狀態定爲十分，各自寫下評分。這是主觀的測量，因此無需和他人做比較。自己覺得那樣的程度可獲得五分，就記錄爲五分。

第三是大小。是否可以確實地掌握事物的大、小並給予重現？也許可以稱其爲大小度。試著寫下其程度。

假設，請迅速地想起二、三人的形象。有一間房間，其中有二、三人在該處休息。迅速地描繪這個形象，再檢查心象中是否出現每個人的色彩？形體是否確實？能瞭解的個人的身材大小嗎等等。

第四是構造。所謂構造，以人的心象爲例，是以眼、鼻、口、手足是否確實呈現爲問題。如果覺得細微部份曖昧不明，則根據曖昧的程度，做二分或三分的評分。假設能鮮明地掌握構造，則可評分爲十分。

第五是躍動度。所謂躍動度是移動的程度，或浮動的程度。雲會動，且會改變形體的移動。這種程度稱爲躍動度。如果可以把人做爲心象想像出來，是否能自由地移動心象中的人的能力，就稱爲躍動度。請評價其得分並做記錄。

第六是並存度。所謂並存度，假設回想某三個人時，評價是否能同時描繪三個人的模樣。覺得只能想像一個人的模樣或同時描繪三個人的形體時有其界限的人，就把分數降低。

第七是空間。所謂空間是，指在腦中想像前述的三人時，是否能以相當鮮明的程度描繪三人所處的房間狀態。描繪寬廣、遠近感等三次元要素的能力是否足夠？心象並不像照片一般可以隨時想像而浮現。因爲，照片是平面的印象，是否能描繪具有深度的影像，乃是空間度的評價。

第八是調和。所謂調和是評價描繪心象時的平衡感。譬如，攝影師在拍照時，會找出最佳的拍攝角度。而各位在描繪心象時，若能在無意識中帶有類似的問題意識做描繪，表示各位具有調和的心象之場。若從未想過這類問題，而在描繪人的形象時，僅止於描繪人的四隻手足，乃是並未深入思考調和問題的人。這樣的人其評價較低。能夠實現調和感，本身就是一種能力。處理任何事物，最好都能處於調和的狀態下運作。這是非常特殊的能力，請儘量給予塑造發揮。

第九是情緒。在描繪心象時，各位若能產生幸福感或滿足感，表示能適切地使用情緒。譬如，描繪前述的三人時，根據那三位心象者是正在吵架，感到憂鬱，或愉快地交談等情景，心象的意義及功能即有不同。把可以愉快地描繪心象的能力，在情緒方面給予較高分的評價。這會隨時產生變化。如果平時都能愉快地描繪，但今天卻無法做愉快的描繪時，則把今天的評分降低。

第十是力量。所謂力量是指Power。它也可以稱爲力之量或能源。這是評定各位所描繪的心象，充滿著多大的能力。有時即使外形模糊，卻充滿著熱能。其實梵谷的畫並不精緻，但卻氣象萬千。請以點數評價這方面的能力。

第十一是涵蓋。所謂涵蓋是指，評價過去的體驗做了多大的活用。舉例而言，請在心中描繪談笑中的三個人。如果其中也能適切地活用在場的家具或服裝、年齡或男女之別等過去的經驗，對於涵蓋這一面則給予較高的評分。無法適切應用過去時，通常會隨興揑造心象的內容。這時的心象通常並不活絡。越能巧妙地活用過去的體驗，則在涵蓋這面上的分數給予較高的評分。

第十二是展開。所謂展開其意義稍微曖昧原本具有深奧的意義，在此是指可窺見心象之深處。譬如，前項所描述的三人的心象，三人的未來變化如何？或描繪此三人的心象到底具有何種涵義？如何和潛在意識的深處相連接？若是能瞭解這類展開的心象，則在展開這個層面上給予較高的評分。如果只是以被動的態度描繪心象，是毫無展開的心象。

各位若能使以上十二個層面日漸發達，即可磨練心象能力，且能提高並使其進化。

6. 保證擁有美妙未來的心象訓練法

提高心象能力的十二個層面

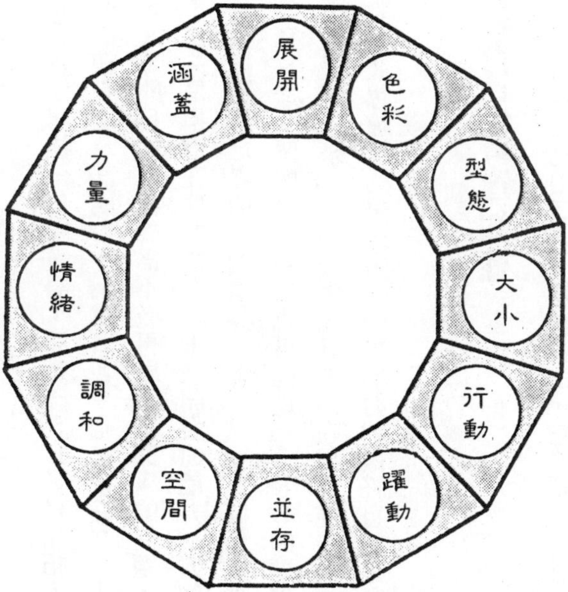

開創未來的心象能力

在此請各位記住一句關鍵語，即是「SRS是開拓人的潛在能力。心象乃其道具。」人所擁有的潛在心場及其能力，稱爲 Human.Potential（人的潛在能力），而開拓這項能力的，正是SRS的目的。我認爲不必再思索更深入的問題，而實際上光憑這一點也足夠了。

Potential 是指潛在性的能力、未被開發的能力。人的確擁有這樣的能力。磨練心象的目的，乃是開拓嶄新世界的一個道具。這一點請各位務必理解。同時，請再記住一個關鍵語，即是「SRS是一個廣場。」它也可稱爲「SRS的廣場」。這樣的廣場越大越好。這個廣場的目標是學習未來。我們是生在過去活在現在並走向未來。渴望知道過去爲的是追求未來。而一般人最想瞭解的是未來。心象能力的最終目的是，成爲我們開拓未來、創造未來的方法論。

超級教育是傳達知性

SRS的八大登山口之一是教育法，它也稱爲超級教育（Super edication）這個構想的根源是爲了樹立建全的教育體系。亦即「教育並非傳達知識而是傳達知性」。

這也正是SRS的目標。

其實「知識」的含意遍佈在各種字典上。只要打開百科事典，其中即佈滿著密密麻麻的情報。其中所記載的內容而被傳承著是知識或情報。通常的教育則是爲了解讀其中內容的技術。

但我所引爲目標的教育法，並非賦予一個個斷片的知識，乃是追求處理知識的能力及改革知識的方法。

在心象訓練法中附帶一提的是，不去計較各個心象的好壞，而以傳達描繪心象能力爲目的的是，SRS的心象法。

筆者認爲若能直接地傳達知性更爲難得。

心象能力具有令人驚訝的共鳴效果

世上有不少知性傳達的實例。筆者在美國留學時，承蒙加里佛尼亞大學的阿藍・F・賀夫曼教授的指導甚多。他的人格極爲優秀，不僅才氣縱橫，性格更是無懈可擊的人。他女兒曾送一本書做爲其生日禮物，他告訴我那本書非常有趣，務必一讀。書名是『Apprentice of Genius』。Apprentice 是指「弟子」的意思，Genius 則是天才的意思。換句話說，書名是『天才的弟子』。

內容是描述諾貝爾獎學者的故事，以一位新聞記者的眼光去追究、分析在化學或藥學相近的分野上，獲得諾貝爾獎的數名學者們的個人風範及人際關係。根據作者主張，如果追溯某名諾貝爾獎學者，必會在某處和另一個諾貝爾獎學者接觸。然後再追溯這位諾貝爾獎學者時，必會再與另一個諾貝爾獎學者有所接觸。換言之，可以描繪出整個相關係圖。而這個接觸點，是指可能在同一個研究室內長期共同研究，或曾經共同度過某一段時期。

我認爲這些人相遇而共度一段時間，並非彼此傳達知識而是分享知性。所謂知性是指瞭解「問題何在」的能力。世界上存在著無數的問題。由於問題太多，在個人的人生當中並無法解決清楚。一個人做爲學者而從事工作，時間必有限。在有限的時間內，應追求什麼？能下此定決定的乃是「知性」。由於這些「知性」的傳達，諾貝爾獎學者以結果而言，彼此在某處都是對方的弟子。

以上僅只一例而已，其實我們是經由教育，接受了各式各樣的知識。但其中有些是相當消耗的教育，而有些則是訴求感性，極爲優秀的教育。如果其中對於超級教育法，不以各個情報的傳達爲目的，而能體驗它是做爲傳達操作並評價情報的知性的手段，將有多妙。有關心象法，將針對如何改善心象能力的能力做一番說明。從這一點看來，過去的某人曾在何處做過什麼事，幾乎毫無關係。即使從零開始的談話也已足夠。

訓練39 飛向未知的心象世界的訓練

那麼，我們來做導向進入的心象訓練吧。請閉上眼進入未知的世界。

「在心眼之前有一扇門。那扇門是通往心象的世界。請打開那扇門。眼前是濛濛一片霧。那是個充滿著霧氣的世界。從現在朝著那個世界飛向而去。這時，各位請在心象中想像自己長著一對心象的翅膀。飛向霧茫茫的世界，持續飛行三十秒鐘。請在霧中無止境的飛翔。一邊感覺飛的動作、霧的氣流、霧的密度、色彩及皮膚感覺等一切，並親自體驗心象的翅膀振翅而飛的感覺，朝著遠處毫無邊際的飛翔而去。在無法看見任何景物的霧中，朝向心象世界的深處飛翔而去。

……不久，在黑暗的霧中隱約地看見大地。慢慢地著陸。那是心象世界裡的大陸，接下來的心象訓練將在該處進行。

各位確實地著陸而站立。你目前正處於心象的世界中。」

訓練40 心象宇宙的凝縮——提高心象世界的密度

此後將一併複習第二章的內容。「心象的世界裡佈滿著霧氣，霧充斥著整個心象宇宙。霧從宇宙的一切邊際開始凝縮。宇宙全體的霧變成粒子慢慢地凝聚一起，開始進行收縮，朝向各位的位置聚集而來。請想像並感應這樣的場面。

凝縮的半徑剛開始約一百公里以上或數萬公里以上。慢慢地半徑變成一百公里、五十公里，成爲凝縮的塊狀粒子。不久，半徑變成二十公里、十公里、再變成半徑只有一公里的霧塊，密度漸漸增強、能力凝聚，接著半徑再變成五百公尺、一百公尺、五十公尺，然後變成半徑只有一公尺的球體。球體再度壓縮而成半徑五十公分、十公分甚至五公分的球體。請用雙手碰觸這個球，用手心確認其彈力，並注視其色彩。請在手掌間擺動這個球，感應球的重量。溫度、材質。無法感應的人請自己決定其內容。也一併描繪球的發光程度。如此所形成的球，在SRS中稱爲心象球。請花二十秒鐘仔細地觀察並體驗這顆球。用心中之手體驗球的感觸。請將雙手伸向前方，以先前感覺到氣的動作，用皮膚感覺去體驗有如位於各位雙手間的心象球的氣感。同時檢查其彈力、溫度、滑感後再張開眼睛。」

從上述心象的凝縮開始，前半段的部份稱爲「心象宇宙的凝縮」。心象中其存在元素的霧開始聚集。把霧所聚集成的塊狀稱爲心象球。請記錄下在此之前各位所體驗的內容。請各位寫下記錄有兩個原因，其一是讓各位自覺自己的心象能力，其二是爲了在心象的訓練中增加訓練的項目。有些人在持續訓練時，會慢慢地進入毫無邊際的深奧的意識世界，因此，偶而晃晃手再書寫，較有助於回復到現實。可以犀利地描繪畫像者，具有心象能力，而無法描繪者也可以不必勉強描繪。因爲，無法描繪的人才有訓練的價值。

瞬間製造快適的心象庭園

6. 保證擁有美妙未來的心象訓練法

「閉上眼在雙手間感應心象球的存在。它具有神奇的性質，可隨意變形、改變尺寸及質量。有如孫悟空的如意棒一般。所謂如意棒，是指隨心所欲的棒子。因此，心象球也可稱爲如意球。請把如意球剝成兩半。一半放著，另一半搓成圓形，將它丟在地面上。結果落地即散開，變成令各位感到最爲舒適的絨毯。這是此回的訓練之場。

如何描繪這張絨毯，憑各位的想像能力。剩餘的一半球再剝成兩個，放下四分之一的塊狀。將另一個丟在地上時，瞬間地呈現周遭的景色。其中一部份做成令各位感到最爲舒適的桌椅。並依你的嗜好，把周遭的所有環境變成是在心象大陸中所建造的快適庭園。我們把『明亮、愉快、舒適』這三個意念做爲關鍵語。而重要的是必須涵蓋過去。考慮到什麼是愉快的事？什麼是令人舒適的事？再建造一個調和的庭園並確認其狀態。」

訓練41 隨心所欲地擴大心象球

在第四章各位搖身一變爲六歲的孩童，體驗了十二種心象訓練的技巧。在此複習其內容並用心象球再做十二種訓練。

第一個方法是，擴大、縮小心象。「請閉上眼，把印象球置於雙手之間。當雙手往外張開分離時，心象球隨之擴大，雙手靠近時則隨之縮小，請配合手的動作變化球的印象。這時，憑自由的想象去描繪皮膚感覺、壓力感覺、觸覺、材質感的變化或色彩、動作的變化等。

要領是開朗而愉快、舒適地描繪。雖然僅只是一個心象球，但自由自在地給予擴大、縮小時，自我確認情緒上有何變化、產生什麼樣的感情。心中之手無處不在，儘量給予擴大並極力縮小，描繪隨著手的動作在視覺上產生變化的心象球。讓球的大小、顏色、光、影產生變化，並注意全體影像和庭園整體的調和，儘量美麗地描繪。」張開眼記錄下體驗或發現。

訓練42 利用如意球的移動自由移動心

其次是移動法的訓練。主題是如何移動心象球。「張開雙手，正如從右手將球送往左手的感覺，請實際地擺動雙手，在自然的手的動作中，讓心象有如球體跳動。配合著右左、右左、右左的旋律，自然產生動作與色彩的變化。也有皮膚感覺的變化。請自己添加整個球體運動的速率持續做這個動作。這是心象移動的體驗。接著做上下的移動。有如球體一上一下、一上一下彈動的感覺去描繪。上下、上下、上下……心象隨之一上一下。不久速度加快，持續做此心象練習………」

描繪心象迅速移動的場面，並記錄感覺體驗。如果無法隨意移動在自己心內所創造的心象，有如指回旋體操中無法擺動無名指的情形一樣。心之場既然無法自由地移動，心象也無法隨意活動。唯有心象能自由地移動，心也才能自由地移動。

訓練43 利用如意球的回轉享受氣感

接著是回轉。「閉上想像雙手間有一個心象球，雙手繞圓地旋轉並朝上下、側邊旋轉。在旋轉的動作中心象球也隨之旋轉。利用皮膚感覺、運動感覺去感覺這個心象。發出旋轉指令的是董事長，聽此命令並給予協助的作業員，是否能創造出視覺上的印象？正是此心象訓練的挑戰。如果作業員無法做出視覺的心象，表示職員教育不及格。加速回轉的動作或放慢動作。心象球不一定是同一顏色，桌上有花紋或凹凸都無妨。隨著手的動作實現球體回轉的心象。不僅旋轉手掌，也可旋轉手臂。當然，可用手夾著球繞轉。請愉快地去體驗這樣的感覺。較敏感者，在描繪此心象時，也許會確實地感受皮膚感覺受到影響。這是與氣功法相通的技巧。缺乏心象能力者，可能只擺擺手而沒有任何成果，但想做的意願具有其意義，這一點就足夠了。」請記錄下體驗內容。

訓練44 利用鏡像訓練瞬間轉換心

接著是來往於鏡內與外的瞬間移動（Teleport）的鏡像訓練。

「各位請想像自己的右手左側是一面鏡子的外側，手臂正位於鏡中。換言之，鏡面（手掌）朝向左側。位於左側的球在鏡前瞬間地移動。接著又移動回來。移動的方式並沒有順序

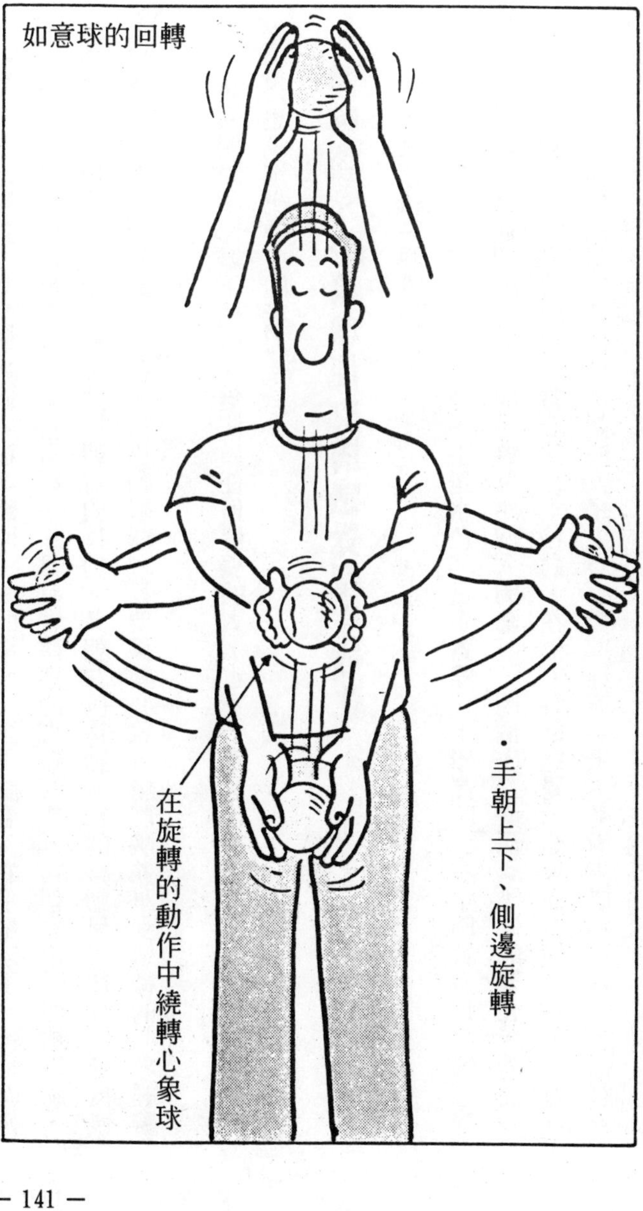
如意球的回轉
在旋轉的動作中繞轉心象球
・手朝上下、側邊旋轉

，而是突然地移動並突然地返回，描繪瞬間移動的影像。請試試看。右手是鏡子，鏡子面朝向左邊。假想一個散發美妙光彩帶有影子，具有實體感的實際的球。它朝右邊瞬間地移動。然後又突然地返回左側。再突然地朝右側移動。又朝左側移動。它的移動呈規律性，速度漸漸增高。請閉上眼睛進行。並不需移動眼球。只要移動心象。請體驗並享受這樣的心象經驗。」

請張開眼睛記錄下體驗。無法做任何體驗的人，也不必感到徬徨或焦急。這個訓練主要是獲得迅速地更換心的能力。

〈體驗談〉心象球使皮膚感覺產生變化

爲各位介紹幾個體驗談。

「球的顏色不均，上是綠色，下是水色。當手實際往上舉高時，右手確實有刺激的感覺。」後半是頗爲適切的體驗。前半會反應個人的嗜好，因個人差異而有不同的變化。若能確實描繪心象，氣感也會變化。當心象往上移動，在上方有所感覺，心象往下移動時，下方有所感應乃是自然的體驗。搞不清楚的人是皮膚感覺遲鈍或心象本身尚未成熟。各位應瞭解，心象會對皮膚造成影響。

「覺得氣體一來一往」，也有這樣的體驗。覺得氣體的流動，是把感覺和氣體的流動化爲一體。

有人說：「氣體移動時身體能確實感應。」這是感覺到衝擊波。若有五十個人，各位所存在的世紀互不相同。此乃心象能力不同所致。沒有比心象能力所呈現的個人差異更大了。

心象會對身心造成影響

以一分鐘的讀書速度來分析讀書力時，一般的差異頂多是一頁或數頁之差。但是，心象能力則有如天壤之別。前述二人的心象已涵蓋了感覺的體驗。當心象移動感覺也隨之移動。以另一個角度而言，心象移動會對身體造成影響。

換言之，有些心象會使身體轉好，而有些心象則可能使身體變得不適。因此，心象訓練和健康法是息息相關。當然，心象能力是心的能力，自然也是一種心的健康法，但也是身體的健康法。由此遠見的理解是非常重要的。所以，心象訓練並非是爲心象的訓練。在各位的日常生活中的各個場合，都必須具備心象能力，且心象能力也正發揮作用。也有這樣的體驗：「在回轉時手掌有一股酸麻感。做鏡像法時，右手的左側最初顯得明亮，但漸漸移動時，右側反而變得明亮起來。」

團體會彼此影響心象

心象訓練是最有趣的訓練。大家都以為各自進入自己的心象世界，且以為他人的心象也大同小異，其實並不然。每個人有各自的世界，繽紛華麗不一而足。如果能共有一百人的體驗，等於是可度過一百個人生。從這一點即可明白，自己以往是生存在多麼狹隘的世界。

在筆者自創的能力開發的世界中，不時地嘗試給予他人這樣的體驗。我認為有一百個人即有一百個世界，而中和的世界才是眞正的人所具有的潛在能力。各位只要不把自己束縛在各自的世界裡，開拓心胸廣結他人的體驗擴及到百人，即有如此的實感。在SRS的講習中，參與會者的數十名講習者，各個敞開心胸做心象訓練，自然彼此會出現互相影響的現象。

任何集團必有一位主事者。譬如，人的心臟中有一處製造規律的主事者，這個主事細胞會創造心臟的脈動規律。且成主體中心遍佈全體，製造一秒約一回的心跳。任何集團都有這樣的主事者。集團中必有數名潛在能力相當強的主事者，這樣的人會領導團體。如果因某種緣由這些人被排除，必有其他人成為主事者。

這正是人類社會的奧妙之處。所以，任何集團都有領導者的誕生。同樣地，也有協助整體活動的作業員。從這一點看來，為特定的某人是否偉大與否的議論並無意義。只把他當做是集團的一種性質。各位所處的團體中也會隨時變更主事者。但改變後必會在某處擁有造成影響的力量。能描繪心象者與無法描繪者之間，也會形成彼此互相影響的場合。在這個場合從事心象訓練，正是SRS的教育法，其中所傳達的並非知識而是知性。數十人份的能力若彼此影響，各個人即可接納數十人的知性。以這樣的態度接受訓練是非常有意義的。從而可以瞭解訓練並非一對一，而是多數人的團體做訓練，其中的樂趣自然可得。

各位不妨當做是和無數人一起從事心象訓練吧。請各位務必瞭解，其實你們不必一一詢問他人的體驗，也必會互相影響。

訓練45 利用彩色訓練獲得臨機應變的心機能

其次是彩色法。請閉上眼睛。

「心象球的顏色產生變化。其變化的情形如何呢？各位位於先前的心象庭園內，手上拿著心象球四處散步。隨著散步的動作，每走一步心象球即改變顏色。請做如此的描繪。換言之，是在心中的心象庭園散步。

各位現在正在散步。狀況一有變動，色彩隨即瞬間轉變。請描繪其變化的情況。不僅只一個顏色。一邊描繪複雜的色調、整體的調和並變化心象球的顏色。

尚有充裕的人可以描繪和周遭景色的關連。

接著，左手拿著球回到原處，心象球順著剛才走過的道路，一邊改變色彩一邊移動。同樣是紅色卻有各式各樣不同的紅，藍色也有各種面貌的藍。臨機應變去描繪色彩，可以使心機能變得圓滑而機靈。」

請張開眼睛，寫下彩色法的體驗。

訓練46 利用採光訓練磨練可彈奏協調旋律的能力

其次是採光法。閉上眼睛手上拿著球，在心中的樓梯一上一下。「有一條斜面狀的長樓梯，每一階梯不僅寬且長。每踏上一步，光即產生變化。越往上走越光亮。自由自在地在心的樓梯上上下下，並享受手上的心象球無時地產生光的變化情景。如果把周遭景物描繪黯淡，也許較有趣。在黃昏或深夜中爬上樓梯，四周一片明亮且照出周遭的景色，越往上爬，遠處的景色也暴露在光芒下且倍增光芒。不僅是光，連顏色也產生變化。手上的球的溫度也可自由改變。請依自己的喜好描繪心象的內容。愉快而舒適的做心象訓練。當然也可以設定上下樓梯的規律。也能像旋律一般在上下之間分出大小。有如彈奏音樂般上下樓梯，並體驗光的變化規律與色彩的旋律。」

請張開眼睛記錄以下的感覺體驗。

光帶來健康

活用心象球做光的訓練是非常重要的訓練。

人具有描繪出光而變得健康的性質，活用心象球可以增大這個性質。

中國人所創的漢字，是相當了不起的文化。智慧的智一字，是在知的下方加一個日（日光）。換言之，智慧的智是指伴著光輝的知性。

我們有一個關鍵語是「SRS是開拓時代、開拓智性」這裡所指的智並非知。因爲，它綜合兩種能力，智上頭的知是分析性的知性，深入挖掘事物的根由或給予解剖分析，乃是理論性的知。

所謂智性是指中和性的知性，簡單地說是指直覺。利用心象球的光訓練有助於加深一切的直覺。即使單純的心象訓練，也分爲有助於分析性的智性訓練，以及有助於直覺性的智性訓練等兩種。請各位瞭解其中存在著這兩種不同的效果。

訓練47 增殖訓練可使潛在意識活性化

接著談增殖訓練。

「閉上眼時，眼前出現一個令人感覺舒適而美妙的印象球，它在手上有如球藻般地增加。心象球一個個地增多。首先只有一個，結果有了孩子。女兒露出臉來呱呱落地，滾倒在庭園內。第二個，又露出臉來滾倒在地。然後兩個同時露出臉來滾倒在地。接著四個同時露出臉來。然後是八個同時露出臉來。心象球的孩子一再地增殖滾落在整個庭園，從各個小球再鑽出女孩的臉來，並一再地增殖。接著，請把手上的球也放置在庭園內。心象球在庭園上不停地旋轉，並不停地生出小球一再地增殖。各個小球的顏色、大小、轉動方式、色彩及影像各不相同。

其中還有一個在本壘傳球者。請具體地描繪該景象。看啊，變成了千個左右了嗎？……一再地增殖。變成三千個左右。從五千個變成一萬個左右。再從三萬個變成十萬個、三十萬個。」

訓練48 利用變容訓練使構想機靈

接著是變容訓練。

「請在心的宇宙中，想像各個心象球自由自在滾動的場面。接著，這些球從庭園一個個地拔腿脫逃。請描述脫逃的場面。不久，它們全數變成動物。全數瞬間地變成動物且消逝無蹤。請描繪這樣的場面，這個過程稱爲變容。

心象球變成什麼動物全憑各位的想像。不過，不可是同一種動物。全部迅速地從庭園脫逃而遠離。請具體而鮮明地描繪這個影像並掌握。數十萬頭的動物脫逃而去。請抓住這樣的感覺。」

訓練49 利用變質訓練鍛鍊構想力

接著是改變本質的變質法的訓練。

「不久，這些動物全數改變本質。換言之，並非普通的動物，而是質材產生了變化。某些變成石塊，某些變成果醬，某些變成草。形狀不變卻改變本質。

有些變成砂、有些變成鑽石，有些變成溶岩。

所有的動物可依各位的好惡變成各種物質。

急速地變化，然後整體的場面突然靜止。」

請張開眼睛。剛才所進行的是心象的變質訓練。

在此跳過活性化訓練，放在後面的單元進行。

那麼，請綜合以上的經驗記錄下來。

利用理性的方法，一個董事長的能力可以描繪兩個或三個，卻無法同時描繪一百個。因爲，可以描繪一百個動物的是作業員們所從事的工作，因而心象描繪的要領是讓心的作業員描繪無數的心象。

這時，董事長向部屬下的指令非常重要。增加數量的心象必須是所描繪的場合。描繪的人連續接棒的情景。無法描繪者就當做是董事長個人獨力奮戰。那麼，您是否能描繪出千人的軍隊。覺得可以描繪與眞正能描繪，其間正是差別所在。

據說優秀的司令官，即使有千名或兩千名的部屬，也能記住全體的姓名，身爲董事長即使不必做任何運籌帷幄的功夫，即能有作業員確實地在心中活動的構想。

在此增加增殖法的訓練，是爲了走進心的不同層面。因此，接下來的心象能力和以往的不同。因爲，只是變大、縮小、移動、回轉或映照在鏡面等動作，董事長自身也辦得到。

從這個階段開始訓練的本質已產生改變，這是心場已設定轉移到更高度能力的課程。關鍵在於是否能眞正描繪心象。

訓練50　活性化、融和、接續訓練可擴大心的範圍

其次是活生法的訓練。活生法是指賦予生命。剛才的動物們變成果醬或石塊，請讓它們再回復原狀。這是第十一回的融和法。譬如，老鼠和蟑螂混合成鼠蟑螂。任何形體都行。請描繪各種動物們全部混合一起的情景。

「數十萬頭的動物群起圍住心象的大陸。但剛開始它們變化成各種物體。然後再回復生氣蓬勃的生命。這就是活生化法。然後神氣活現地四處移動。請爬上心象的庭園中的高台，觀看那些動物在大陸周圍移動的情景。在遠處製作一個動物們活動的動物園。

不久，這些動物開始融和。蝴蝶和蜻蜓融和，變成大眼球的蝴蝶；鼠和紅蜻蜓融和，變

6. 保證擁有美妙未來的心象訓練法

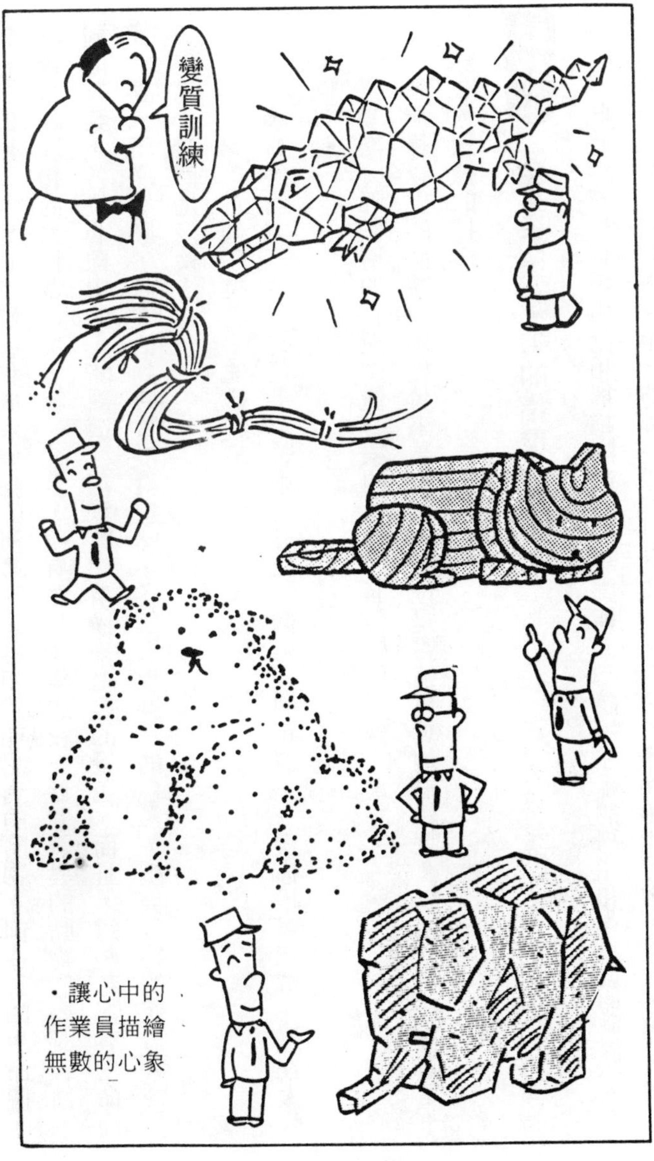

成會飛的鼠；河馬和螞蟻融和成六隻腳的河馬。請融和可能想到的動物，創造新的生命體。然後再讓融和的動物做一次變容。接著，所有的動物變成花。形體詭異的動物們變成各種不同的花朵，各位心象中的大陸周遭百花爭豔。請描繪這樣的景色。而且，這些花都有生命而能活動。不僅有腳，且在活動時會散發香味，各個展現鮮豔的色彩，媲美獨特的花形。」

第十二回是接續法。

「花朵們各個手拉著手並排起來。

心象的大陸中一朵朵的花手牽著手，形成一個巨大的花環。一邊描繪著花環一邊在大陸的周圍移動。

好幾層、無數層的花環圍住心象的世界。而對岸是碧綠的大海。」

請記錄以上的體驗。過程越來越複雜，各位是否能確實地描繪呢？以上我們已複習了十二種心象訓練的技巧。

訓練51　全身充滿氣力的指環力量

在此我們將做利用中指和拇指的光的心象訓練。「請用左手的拇指和中指做成環狀。右手的拇指和中指也做成環狀，讓兩個環指彼此交扣。這時，各個手指凌駕出空間不要碰觸。手肘貼靠在腹脅即能安定手。位置是左邊的指環呈垂直、右邊的指環呈水平，輕輕閉上眼、挺直背脊。皮膚較敏感者，也許能彼此感應左右手的溫度。

首先，意識左手的指環。該處有一道光開始旋轉。這個光是綠色的。綠色光徐緩地且令人舒適地開始在指環間旋轉。請用閉上眼的心眼去注視它。

其次，因綠色光的誘導，右方有一個略呈橘色的黃綠光也開始回轉。彼此交互的影響並慢慢地加速。請體驗兩道光回轉時的感覺。其它手指盡可能地張開伸直避免碰觸。

隨著速度的增加，皮膚感覺增強而氣感也變強。光也變得強而有力。一直回轉後，從指場發出強力的熱能。而光從綠色慢慢變成接近於明亮黃色的顏色。加高其熱能，提高速度，一再地持續旋轉。

所發生的熱能從手指遍佈整個手掌。手指的光芒仍然回轉著。

這道光也傳達到其它手指使其發光。請用心眼去注視。光的熱能再從手腕延伸到手肘，手及手腕及手肘的上臂充滿著力氣。指環仍然回轉著。

不久，這道能力延伸到肩及頸，並遍佈頭部，使頭腦也發光。指光仍然回轉著。這個光的力量加強而發出熱能，使得肩到胸、胸到腰、腹到腳、膝、後腳跟、腳尖都發光，腳尖的光開始發射而出。各位的全身發出光。心的全體也充滿力量。

光變成更爲明亮而強力且細的波長，使各位充滿著元氣。連頸、腰、腳的扭曲也矯正了。光延伸到身體的深處，清除老廢物，使各位全身活性化，進入更佳的狀態。而心象能力也隨之增強了力量。呼吸變得大而深，各位的生命力已提昇了數個層次。請描繪如此強烈的心象。持續這個想像二十秒。那麼，請輕輕地張開手指。舒適而寬裕的情緒回復到全身。請放鬆身體休息一下。」

請記錄剛才的體驗。以上稱爲「中指的閉鎖環」。各個手指的效果有些不同，而心象的描繪方式也會使其改變。團體做這項練習時，約有六成的人會感到氣力旺盛。毫無所感的人是心象和身體的體系分離的結果。隨著這項訓練而身體產生動作，並湧現氣力的人，包圍住身體的能力。有些人會覺得熱不可當，而有些人會覺得隨之產生動作而不知所以。這個訓練還具有氣功法的效果。人是互不相同的存在，有些人因心象的表現法而發生強烈的熱能，有些人會對身體造成影響，但也有毫無反應的人。在團體中瞭解這個事實，對於瞭解心象能力的本質非常重要。

訓練52 空間的心象擴大訓練能獲得現實的能力

現在，我們把前述的十二方法與空間配合，用稍具強力的形式來練習。

剛才的方法是手指的訓練或心象世界的訓練，而現在則添加與現實之間的關連。

「我們將使用各位現在所處的房間。在這個房間內移動心象時，會產生什麼樣的感覺？

在前述的光訓練中毫無所感的人，我想是尚無法描繪心象的人。這些人也許在接下來的訓練

6. 保證擁有美妙未來的心象訓練法

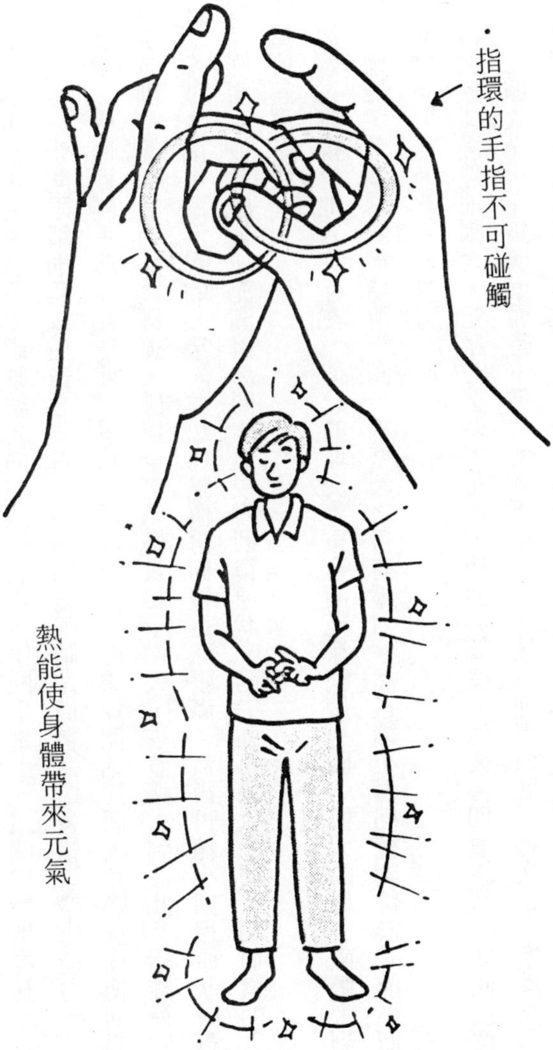

也毫無所感，但請各位仍然認眞的挑戰看看。

現在的規模較大。請張開眼睛讓光的心象球放在各位的手掌上。這個球是半徑五十公分左右的大球。張開眼睛則難以描繪心象者，不妨閉著眼睛做練習。這會給球帶來能力。

那麼，想像鬆開手球浮在空間的景象。浮在空間的心象球開始膨脹，和隔壁描繪的心象（獨處時則是房間的物品）碰撞。碰撞也無妨儘量給予擴大，一直擴大到彼此互相碰撞的程度。想像他人腦中所浮現的心象，並想像整個房間被這球脹滿。然後再縮小回復原狀。再一次讓球膨脹到彼此碰撞並充滿著房間，然後再回復原狀。第三回再擴大一次，和周遭的人彼此碰撞再回復原狀。

接著，無視於他人的存在，彼此的球交疊重合而充斥整個房間。擴大的球一直脹大到天花板及地板，整個房間被球所充滿，牆壁因之帶有壓力。然後縮小再回復到位於眼前小而澄澈的光球。

再次讓球漫然地脹大，充斥在整個天花板、地面與牆壁，然後再回復原狀。如此反覆五回。當它擴大充斥在整個壁面時，仍然使其再擴大，然後再回復原狀。再次擴大塞滿整個房間，再回復原狀。球體並非中空，而是塞滿著心象的元素。當它一再地擴大造成房間一股壓力後，再回復原狀。」以上是第一個訓練，所進行的是擴大縮小法。

訓練53　利用空間移動改變對世界的看法

接著來進行移動法及其相關的一連串訓練。

「將全體的球帶到各位的前方，讓它們碰觸地板和天花板。反覆著碰上碰下的連續動作。讓心象在現實的空間中移動，請體驗碰觸的感覺及移動的感觸。眼球也隨之做運動。頭碰上時眼睛朝上，碰下時眼睛朝下。碰碰碰、球加速地強力運動。接著朝左右移動。描繪球接續在牆壁的左右碰撞的情景，而視線也隨之左右運動。請描繪心象的形狀、色彩、大小、材質感及躍動感。假想球有皮膚，去體驗碰觸的感覺。把球當做自己的分身，親自體驗碰觸的感覺。這是左右搖擺的訓練。

接著，描繪心象球自由地在各位前方回轉的場面。朝右回轉、朝左回轉、朝空中旋轉移動的情景。張開眼睛在現實的場合中移動心象。體驗其色彩變化、影子的變化。

接著是鏡像法的應用。請把房間的牆壁當做一面鏡子。想像某個瞬間此地有一個球，而接下的瞬間球又在隔壁的房間。球一會兒在這裡、那裡、這裡、那裡，反覆著瞬間移動。想像當球到對邊時會看見什麼，並立即回復到身側。一邊確認移動的感覺，一邊讓五感也進入其中。

其次是彩色法的應用。想像鏡前有一個球，色彩一再地改變。它自由地旋轉並一再地變化色彩。當它在空間移動時，忽而變成紅色，忽而變成橙色，又變成黃色、綠色、藍色及深藍色、紫色。接著再從顏色變成閃閃發光的金色，再變成白色。

其次是光的變化。球的光漸漸地加強。直徑五十公分的球發出光而漸漸變得明亮。各位的視野也敞開。剛開始位於層次一的光，慢慢朝二、四、五、十提高層次，各位也受其影響而全身慢慢充滿著氣力。接納光的放射並請確認光的感覺。」

請閉上眼睛記錄前述的體驗做爲一連串訓練的想起確認。心象或感覺體驗不充分者，也據實地記錄下來。心象體驗有個人差異乃是理所當然。

把心象譬喩爲植物使其成長

在SRS中，將心的構造比喩爲左手，以左手拇指爲語言的世界；食指爲心象世界；中指爲情緒；無名指爲內臟、不隨意系統；小指爲肌肉、不隨意系統做說明。從這一點看來，本書的訓練是食指成長發達的訓練。

事實上，如果把心象譬喩爲植物，想像一棵樹成長時的形狀或狀況，也許較容易理解。樹有其枝幹、葉及根，這些即代表心象的要素。換言之，心象的本體（樹幹）必生長在某處。該處是過去體驗的場所。從該處吸取養份長出樹的模樣。而心象也具有構造，它並非單純的圓形，而是具有分枝的構造，還有更細分爲葉及花的構造，鳥會飛向前來且聚集昆蟲。從而製造歷史，在周遭建立植物的世界。這時也必須有水及養份。若要確實地描繪心象，必須建立樹根密佈的景象，給予水及養份，且必須培育嫩芽，再賦予光合作用，也必須在葉片上做氧氣與碳酸廢氣的交替。這樣的構造化是必要的。

訓練54 以樹木爲例做培育心的心象訓練

若要培育或改善各位的心，思考剛才所陳述的各個植物的要素，相當於人的那些部位時，即可較輕易地瞭解。

因此，我們把食指當做樹木，來做手指變成樹木的訓練吧。

「請各位把實際的左手伸向前來。也許各位對於手變成樹木帶有異樣感，不妨在心場做另一隻複貝的手。它稱爲『心之左手』。只要複貝一百回，就有一百隻手，所以，心之手可隨意複製。請各位把記憶中的手全部在心場中複製。

接著，選用一隻記憶中的『心之手』把其食指當做一棵樹木。

食指開始成長。發出芽，從手掌慢慢成長。手掌是在潛在意識、深沉意識之場。細小的根往手掌蔓延，以手指做成的樹幹從根部長出，長出樹枝，樹枝上附著著葉片，開花後吸引昆蟲前來，而手指的周遭飄散著大氣，放出光芒，從根部吸取養份，並有水的輸送。水蒸發成大氣，整隻手指生存於心的宇宙中。

讓手指漸漸地茁壯成長。各位的心之手也必須隨之茁壯。把『心之手』加大十倍，食指也隨之變大。

讓『心之手』變大百倍後，樹幹變得豐盈而樹枝也密佈繁茂。

支撐『心之手』的『心之手臂』漸漸伸展開來，越伸越遠。不久，整隻心之手變成一座小山，再變成更高大的山，各位的食指變成的大樹聳立在山頂上，一直成長到天空。請把他當做是各位心象中的樹木。這棵樹木並不孤獨。它傳輸心中一切的要素與生態學上的情報，是具有生命而存活的心之一部份。

請在心之手上描繪一個巨大的關鍵字『調和』。這個心象並不只是心象而已，它在整個心之場中保持協調，讓其製造由『開朗、舒適』的關鍵語所表達的心象世界後，再結束整個心象故事。」

請張開眼睛，記錄下剛才心象訓練中所感應的內容。

訓練55　以菊練的方法從無中創造有

接著，爲各位介紹心象中較特殊的操作法。其中涵蓋多數的方法論，在此無法一一介紹，我們做其中的「處理不定形素材」的練習。我們的心是天生不具形體的。在人生的各個過程中，經過各式各樣的體驗後才漸漸成形。如何使不定形之物產生變化，是心象訓練中最基本的要素。若能擁有從不定形的素材中創造定形素材的方法論更好。

接著介紹數對親子連袂製作陶器時的體驗做爲例子來說明。也許各位也曾經製作陶器。製作陶器是相當愉快的事。它是從練黏土開始。黏土具有水氣，黏土中的水必須保持適當。而爲了調節其密度，剛開始會以「粗練」的形式有如製年糕時的搓麵糰的操作去搓黏土。接著是所謂的「菊練」操作，方法是從邊際開始揉土，依這個方式練陶土排出水氣。用上述的方式調整黏土的材質，並創造出有形的物體。這些操作是製作陶器時最初的步驟。

各位不妨模仿粗練的動作。請閉上眼睛。

「各位的陶土是心象球。把心象球當做陶土，放在心中庭園的桌上。

用雙手輕輕揉搓有如陶土的心象球。可依個人的嗜好搓揉，但必須誠心而專注地練土，讓土中的成份確實地融合而均勻，使練土的刺激遍佈整個黏土而有彈力。在練土的過程中，心情會慢慢平靜且感到舒暢。

實際地用左手和右手操作，依個人的嗜好去練土。練一回、練兩回、往右練、往左練、往前方練、往對邊練，實際體驗練土的感覺並持續練土。用皮膚感覺去體驗練就心象的感觸，在操作的過程中也一併去確認氣感。」這是從不定形素材製造心象的第一步。

訓練56 用心象中的製陶創造美麗的作品

「現在一邊練土，用和製陶的方式同樣地，試圖從心象的黏土中創造出作品。在練土的過程中，從各位的潛在意識裡慢慢地研擬構想。首先開始思索黏土給你的觸感將可能做成何種作品。再根據這個構想改變顏色、觸感、密度或溫度。同時慢慢地調整形狀。請用自己的手實際地操作想製作的東西。用心象的黏土製造特定的形體。

黏土的大小不拘，覺得不夠時隨即令其膨脹，做成令你滿意的形體。用三十秒鐘完成形體。朝左右移動看看，在手的動作與感觸中觸發構想。接著旋轉已完成的作品仔細地觀察。覺得成品不好時，可略加施工。同時也調整和周遭的協調、空間感覺、光與影、材質感等。」那麼，請反省是否有製作的價值，並記錄其間的體驗。

以上稱爲「心象的黏土遊戲」。

〈體驗談〉泥土的生命力產生活力

不僅是描繪心象，仔細地琢磨心象更爲重要，在練就塑造的動作中若能觸發心象而產生有形化的感觸，必會湧現了不起的構想。

以下爲各位介紹體驗談。

「試圖製作一個一直想擁有的抹茶用的碗。感覺非常緊張，它的質地相當薄，用它來飲茶似乎嘴唇會割裂般地薄，它的波動高，泥土的生命力成爲一股力量湧現。」

心象的黏土遊戲

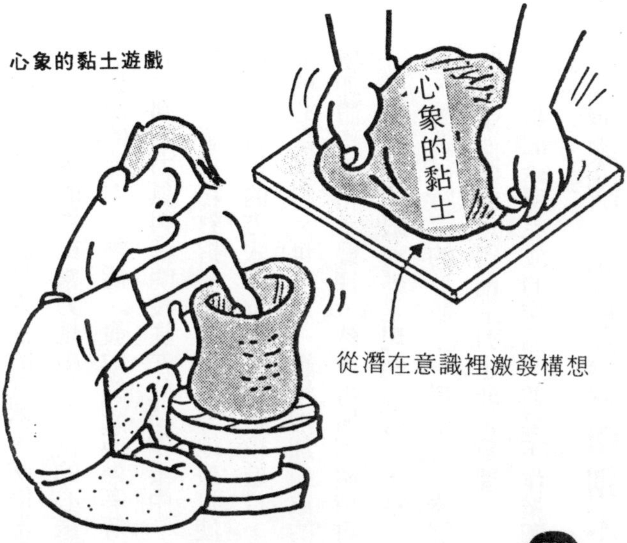

「我製作了地球！用毛筆塗抹山形、塗抹海，完成後四處發光，於是把它投向銀河系。」

訓練57 利用「蹈鐵」訓練鍛鍊強韌的心

接著是「蹈鐵」的心象訓練。「蹈鐵」是煉鐵的技法。

古鐵匠在製作日本刀時，會拼命敲打鍛煉燒紅的鐵。鍛煉不徹底時，成形的刀不耐力，常會出現裂縫或缺口，因此，鐵匠們打鐵的功夫不勝其數，據說打爛之後再反折又打鐵，反折之後再反折，反覆著打鐵的作業。因此，仔細觀察日本刀的斷層面，會發現鐵有如細微的地層般配列。日本刀並不是一塊鐵片做成，而是無數的鐵片重合交疊打造成的強力構造。

各位不妨以這樣的感覺打造自己的心象球。

「閉上眼。這次的心象球略微特殊且頑強。所謂『打鐵趁熱』一再地敲打做成鋼強的素材，並創造某個強而有力的作品。如果心象也能做此般的鍛鍊，將成為人生的武器、防備器具。請各位做出這樣的作品。

用心象的鐵槌奮力地敲打各位的心象球，心象球慢慢被敲平。請感應敲打的氣勢與手感、發出的能力、熱能、發散的光與熱等等。這是相當活動性的作業。奮力地敲打的過程中，將全部的力氣與魂魄投注在此項作業中。心象球敲平了嗎？

接著把它對折。然後再用力地敲打使其擴展開來。運用心中的運動感覺。再給予對折後敲打。對折的方式不拘。再對折後敲打，如此反覆數十回，製造一個鐵片多重對折後具有強力的心象素材。也可以一再地增加心象的體積。眼前所看到的並非零星的素材，而是一再地增加體積並給予鍛鍊，然後再增加體積再鍛鍊。

由此各位眼前經呈現強而有力，絕無法擊破的素材。這樣強而有力的素材再給予鍛鍊敲打，製造出特定的形體。一邊敲打一邊製作、一邊敲打一邊製作，利用這樣的方式製造有趣的形體。而構想與創造力也非常重要。」

請記錄所完成的作品，並寫下作業圖中的感覺體驗。

〈體驗談〉突破牆壁開創未來

日本的文化中，有許多有趣的心象精製法。ＳＲＳ渴望檢拾這些精華成為共有財產。您

不覺得「蹈鐵」這個鏗鏘有聲的語詞相當有趣嗎。

爲各位介紹體驗談。

「製造一個可以切斷任何事物的刀。切斷位於自己眼前的牆壁、開拓未來。切斷過去一切不好的事物。並切斷對目前的自己不必要的暗影。」

「製作一個工作室的門（鐵製）。一邊敲打使其延展的過程中，堅硬的質材軟化了。」

訓練58 利用心象的料理湧現靈感

接著來做心象的料理（做料理）。請閉上眼睛。

「把眼前的心象球當做料理的材料。任何材料只要剝一塊心象球的一小部份即可製成。首先有如粗練陶土般地仔細搓揉心象球。搓揉的過程中從心象球變出料理素材。在搓揉時從中浮現鮮明的印象，變成料理的素材。有時也出現活生生的物品。彷佛看魔術一般。把變出來的東西放在旁邊，一邊搓揉心象球並抓出喜愛材料。

請依各位的嗜好在心中料理所選出的材料。材料的切割法並不限制。即使不是一般的食物也無妨。將它適當的混合一起，依自己的嗜好做料理。料理的時間極短，可在瞬間完成。

請把它裝盛在盤內。容量自由決定。請把它當做裝盛各位的構想的一道有趣料理。並享受全新的料理及全新的調味。接著請試著把它吃下。自己吃自己做的料理，仔細地品嘗。會造成什麼樣的結果，最終由自己負責。」

請記錄這個體驗。我想各位應會漸漸地在心中出現鮮明的心象。當潛在意識（心中的作業員）能確實地勞動時，必會一再地湧出令人意想不到的材料。新的材料出現就給予應用吧。因爲，既然會跑出材料來，必隱藏著潛在意識催促你使用的訊息。

換言之，重要的是由潛在意識主動地湧現材料，這樣的體驗稱爲「展開」。這時會確實地感覺到靈感湧現的現象。這類心機極有可能促成未來文化開發的可能性。

製作豬排飯或咖哩飯的人，在各自的心象中必會湧現某些構想，並給予實際地活用。在我們個人的心中也試行做同樣的作業吧。也許從心象中會出現工作的內容或對平日行動的新構想。其中材料與口味之間的調和，隨著時節而提供的機會將會活現出來。

〈經驗談〉心象料理使內臟活性化

「地中海料理？有如布雅貝斯（Bouilabaisse 湯料理）和芭耶利亞（Paella 米飯料理）中和成的料理。泊夫藍（Saffraan）的黃色相當調和。上面撒著多彩的花朵，有如包提柴里筆下所描繪的春天花朵增添美妙的色彩。極富地中海料理風味的協調性。」有如此豪華的體驗談，此外也有搭配不良的體驗談。例如：「根本不成料理，突然跑出餃子和上頭有草莓裝飾的小蛋糕，吃了之後覺得難吃極了。」

做料理的心象訓練理由是，人和生存有密切的關係。如果使進食的體驗活性化，內臟系統會隨全部活性化。所以即使不是自己製作料理，只要訓練這樣的心象操作，即能感到精神飽滿。縱然不是山珍海味或名廚的料理，藉由從無中生有的製作過程，也許能使沉睡中的領域活性化。心象的料理會活現個人的體驗或價值觀。而料理還具有可以成爲所有人共通的話題的趣味性。

訓練59 利用心象的棉花糖製作而湧現構想

接下來所進行的訓練，連兒童也駕輕就熟。SRS所做的訓練是不分年齡。譬如，兒童們最喜歡碰到的問題是，列舉以往所見過最漂亮的事物。稍做練習後，通常會碰到兒童們主動要求提問題的情況。因此，育有兒女的人，不妨積極地提出問題，諸如「最有趣的電影是？」等等。

想吃什麼樣的料理？自己可以製作調味料嗎？讓孩子們在心象的世界中遊玩，必會發揮驚人的想像力。

接著我們來製作心象的棉花糖。雖然棉花糖是古時人們常吃的甜點，但年輕人當中似乎都曾吃過棉花糖。

「接著我們做棉花糖。把粗糖加熱後即可拉成絲狀。給予旋轉產生風力後製作。請閉上眼睛。再想像曾經去過的某座公園。裡面有一隻木串。那隻木串上附著將變成糖果的朦朧物體。製作棉花糖的場所是在非常廣大的場所進行，而棉花糖的棒子極長，各位可以依自己的想像做成各種的形狀。不妨在有如運動場般寬廣的場所，在相當長的撐高跳的木棒上黏接棉花糖的心象。最初的心象從模糊而不定型的狀態開始。隨著各位意志的添加而漸漸出現形狀。並不一定是回轉對稱形。以一根撐高跳的木棒爲軸，心象黏附在其上而堅固、變形。途中可稍加修飾或修正，反應出個人的構想，在輕柔的素材上感應回復的手勁並自由自在地用心之手使其變形。

不久，製作出筆直立起的撐高跳木棒上黏著棉花糖的形狀。請以三十秒鐘決定特定的形狀。同時還帶有淡淺的色彩及豐綠的味覺。並有陰影對照出與周遭之間的關係。也一併想起兒童時期吃棉花糖時的味道及令人懷念的情緒。」

那麼，請記錄下心象中的棉花糖製作的體驗。

訓練60 利用SRS的象形字達觀過去、現在、未來

SRS有其象形的標記，以下面的構造做爲圖案。

其中隱藏著特殊的涵義。基本上是SRS文字的變形，第一個S代表過去，正中央的R代表現在，右側的S表示未來。

使用字標的理由是，它本身具有成爲心象訓練基礎的計劃。在此僅介紹其中一部份。

「左邊S的下半部是球根。請想像它是各位與生俱來的元素的球根。代表生命的元素。這個球根繞著漩渦回旋而開出花蕊。它暗示各位過去的狀態。

而花蕊開花是表示現在的狀態，由R這個文字表示。而現在與過去一起流向未來，共同成長的模樣則以右邊的S文字表示。

左邊的S不僅表示過去，還塞滿著過去的記憶。換言之，這是記憶裝置。假設各位現年三十歲，左邊的S則表示儲存三十年份情報的情報夾。這時大致給予區分，下方是十年、正中央是十年、上方是十年的空間。而各個實際上與過去特定的日子、特定的場面及特定的空間相對應。過去所發生的一切的精華，將儲存在左邊的S的存文字中。

飛揚在正中央的蝴蝶，請把它當做是自由地飛翔在過去、現在、未來的心機能的象徵。SRS能力開發是架構在這個心象訓練場中並給予展開。」

達觀過去現在未來的SRS的字標

請檢查是否能確實地描繪。

訓練61 獲得自由地飛翔於未來世界的想像力

那麼，請閉上眼坐一趟窺視未來世界的體驗吧。

「請把各位目前所處的房間當做『今日的細胞』。在SRS的最後一個S的最開端的位置，有『明日的細胞』。請從這裡進入，該處是未來的房間。看到了什麼？請確認一下。

從該處走出會看見一條走廊，還有窗戶。蝴蝶在窗外飛翔並朝後天的窗戶而去。請從後天的窗戶探頭窺視其中的景況。裡面還有另一個未來的世界。請看看各位在該處做什麼事。看得見嗎？

那麼，通過前面的廊道後朝『一星期後的今日的細胞』走去。從窗口探望而去，看見什麼？接著再探頭看看『一個月後的窗戶』。看得見嗎？那麼，加快腳步前進。飛向半年後的境地，可以看見什麼呢？再往前飛朝向『明年的今日』、再加快速度飛向『五年後的今日』。五年後將是何種景象？請想像各位五年後的情緒狀態。將會有何種情緒體驗？也想像一下五年後各位的身體狀況。五年後各位的想像能力如何呢？也想像一下五年後各位的家庭生活將有何轉變。而五年後各位的社會生活又如何呢？至於興趣生活在五年後會有何轉變呢？從該處再朝窗外飛翔，走向十年後的未來。

一邊飛翔而去一邊仔細觀察。S這個字的筆畫到底伸展到何處？請一直仔細地觀察。同時，請想像一下從十年到十五年、二十年、二十五年、三十年。三十年後各位的情緒、社會狀況及家庭狀況。其間也請感應對過去一切體驗的回音與餘韻。未來是過去的連續。因有過去的餘韻、回想才能釀造出未來。五年、十年、十五年一切所有的未來，都是從現在的延長接續而來。請憑直覺全部把整個時光流轉的過程觀察下來。這隻SRS的蝴蝶具有從過去到現在及未來，自由自在地在時光的世界中飛翔的能力。請帶著堅信不移的自信。」

訓練62 利用下光雪的訓練感應自然的能力

在此附加光的心象訓練。

「從天空落下細小的光粒，這是光雪。請感應下光雪的情景。各位正處於SRS這個巨大的字標聳立的世界裡。S的植物、R的植物，及第三個延伸到未來的S的植物。位於正中央開花的象形字標，生長在各位心象中的大陸。而現在各位是以一隻蝴蝶參與其中。

在飛翔的蝴蝶下方，光有如閃閃發亮的雪片般的飛舞。請注視這個光景。在光的映照下飛翔而去。光雪閃著光芒一片片地落地。

請體驗當光雪碰觸到蝴蝶的翅膀，然後再穿越空氣飛翔的感覺。

隨著飛翔，看到各位的過去、現在、未來。

不久，雪量越來越大。從顆粒狀的小雪片漸漸變成雨雪，光影也在雨雪中飛灑，四處是一片光影，風也加入其中。不久，風力增強，變成暴風雪。光的殘影在強烈的光中搖擺。

變成蝴蝶的各位們請抗拒這翻風雪，在大地裡飛翔。卯足力。請注意在風雪中搖擺不定的S和R及S。請不要遠離這個心象的周圍。

風雪變成暴風雨。伴有雷聲、雪片紛飛、夾雜著雨且風勢襲捲周邊狂暴起舞。不久，掀起一陣龍捲風。請想像光的龍捲風從大地盤環而上高空的景象。

請在心象的空間裡描繪自然的力量，實際地感覺天地相連的能力。它征服了光並具實地呈現熱能。龍捲風在大地奔騰。………。不久，一片靜寂。從天而降的光也靜止了。周遭有如朝霞般地光明，四周充滿著新鮮的光。

各位的感性也因而發亮、重生。請環視整個大地。SRS的象形字標與各位最感到舒適的景色呈現在眼前。也許你會看見令人懷念的色彩、風景、住家、人們或表情等。

不久，從大地的各個角落剎那地發出噴水。噴水的成份也是光。光從大地湧現而出，飛揚到中空而在周圍散開成形，時時刻刻地產生變化。請觀察並享受光影亂舞浮動的景觀。

對面是光的噴水、這裡也是光的噴水。這乃是從潛在意識湧現而出的光的熱能。以光這個關鍵字連結天與地的熱能而給予活性化時，ＳＲＳ的心象世界隨之敞開。」

請張開眼睛記錄剛才的光的體驗。

心象訓練的最終目的乃是，如何架構文頭所陳述的未來。創造未來必須有某些模型，亦即必須有成爲構想元素的形狀。ＳＲＳ是以ＳＲＳ這個文字的外形做模型。換言之，我們ＳＲＳ的所有訓練都託付在這個形體之中。從這一點看來，ＳＲＳ的字標乃是訓練的基礎。該處有太陽、光、蝴蝶及植物。既有植物即有根、大地並產生變化。同時，有過去、現在及未來。而這些所有一切全包含、孕育其中的就是這個象形字標。

訓練63 利用「四季島」的瞑想法體驗日本之美

在此我們將做十二個月的瞑想法。別名「四季島瞑想」。

日本是個美妙的國度，從一月到十二月，四季充滿著微妙而多采的變化。而且，四季都有各個時節特別的慶典祭祀。

喚醒這種感覺並給予整理之後，即可自由地移動包含幼兒體驗的過去世界，或與未來相連接的、寬廣的心空間。

「那麼，請各位想像自己正位於心象的大陸。

這個大陸周圍有十二個島。這十二個島是包含十二個月的記憶。請依序飛向各個島，鮮明地描繪且體驗各個季節的印象。

………。

首先是一月的島。請各位想起曾經體驗過的一月的景象並做描繪。一月是何種場面？大年初一到寺廟拜拜吧？各位把自認是一月的景象從腦海中浮現，並做鮮明的描繪修整。這個作業稱爲「過去的變容」。過去不是已經消逝的過去，試著把它轉變成更好的時光。這個變容能力乃是使人生更光明愉快的要領。如果想起大年初一拜拜的景象，請再給予一次光的投射，使其變成愉快且生氣蓬勃的景色。這將成爲心的財產。一月的島永遠是一月的景象。這個島內積蓄著各位在過去所經驗過的一月的所有事情。

………。

接著飛向二月的島。在大海圍繞的島上永遠是二月。譬如春分、滑雪。請選擇其中一項並描繪且修正二月島的景象。開朗而愉快且舒適地描繪。讓自己的記憶處於舒適的狀態。這是非常重要的事。過去如果是心酸的，未來也是心酸。過去若心酸則現在也心酸。只要把過去變得舒適，現在也會令你感到舒適。請認定過去是可以改變的世界。把它當做是快樂島。以上是二月島所發生的一切。

……………。

接著來到三月島。請具體地重現季節感。寒冷中眺望周遭的山景色。三月島的特徵是女兒節。桃花盛開。女孩們穿著華麗慶祝女兒節。請描繪當時的景色、天空的光、雪的模樣。應該也有畢業典禮等過去曾經體驗過的事情。重新描繪三月的世界。

……………。

飛過三月島來到四月島。風的香味已經改變了。海的顏色應該也有所不同。這裡是一年都是四月的島。四月的關鍵語是花季、賞花。而入學、到公司上班也是這個季節。請回想這些景色，來到過去的空間及場所，重新製造一個開朗、愉快且舒適的世界。

……………。

接著飛向五月島。五月是兒童節及採茶的季節。鯉魚的旗幟迎風飛揚、舒暖的風吹向前來。若有特定且令人懷念的體驗，請回想起來並給予固定。重新製造一個生氣蓬勃的過去世界。

……………。

不久飛向六月島。六月是夏至的月份。也是新綠的季節。所到之處綠意盎然，迎向酷熱的夏天而蓄勢待發。請體驗當時各位五感所敞開的感覺，並享受天空的雲、天空的藍。

……………。

渡過海飛向七月島。七夕、暑假開始的島。回想過去美妙的體驗，裝飾在心象的一角落。

……………。

接著八月島。這是中元節、煙火大賽、海水浴、捕蟲的島。想起這些體驗並做具實的描繪。把過去一切的顏色、光、模樣、配置、空間全部改變。

……………。

不久，來到九月島。這是賞月的島。美麗的月光映照而下，閃著銀色光的芒草遍佈各處而顯得生氣蓬勃。也開始吹起了涼風。

……………。

再往十月島飛去。這裡是運動會、遠足的島。請回想在特定時間所體驗過的運動會。請鮮明地重新描繪並給予強調。

……………。

十一月島。七五三、法事、冬至等季節。是漸入寒冬的季節。群山開始枯萎。請找出這些景象給予描繪。

…………。

最後是十二月。除夕、做年糕、賞雪景的月份。請描繪帶有這種景象的島。各位的心象世界裡已經歷了四季的島。蝴蝶飛高在天，遠遠地眺望這些景色。心象的大陸被十二個四季島包圍住。

在其上空自由自在地飛翔，並能改變其景觀的是蝴蝶的能力。」

請確定心象的內容，記錄「四季島」的體驗。

利用訓練穩固能力後，人生將更深奧而入味

在此，我們對第六章的訓練做一次總復習吧。

在此我們無數次地活用十二個方法。首先，和第四章同樣地復習了十二個心象的做法。首先從心象庭園的製作開始，再學習心象球的操作法。

這個球從心象的世界擴開到手的世界及現實的世界。而且，我們也做了「蹈鐵」或「粗練」或「棉花糖」等心象訓練，做爲心象的特殊操作法。同時，還活用了「SRS的字標」。

SRS的心象訓練中，包含著深奧而衆多的曲目，我認爲這類方法最適宜兒童的能力開發。

最後的「四季島」的瞑想法，是爲了再確認我們生長在日本這個國度的美妙的瞑想，因此，請各位隨時做這樣的體驗，確認各月份心島的豐富。它將使你更深入的體驗人生。

綜合成果再度確認身體狀態

請寫下您最後的感想。確認心象訓練前後的身體狀態具有其意義。請記錄手足的疼痛與腳底的疼痛、肩膀僵硬、腰痛等狀態。多數人原本感覺疼痛的手掌，已不再有疼痛感了吧。做良好的心象訓練，會使身體變得輕盈、不再有疼痛感。按壓腳底檢查一下是否有那個地方疼痛。手腳的僵硬感是呈對應，如果左手的拇指指根感覺疼痛，即使當事者並無自覺，毫無疑問的左肩會有僵硬感。而左肩呈僵硬感的人，無庸置疑地從右腰以下必有某些故障。有時雖然呈僵硬卻無自覺。而腹部的疼痛和心機能或腰痛也有某種關連。

請記載心象能力及其他能力訓練的前後。請以主觀地判斷腦中想像顏色，是否能較鮮明地描繪了？形狀如何、大小關係如何、能力有何改變等等。如果沒有任何變化則記上同樣的數字，覺得退步了則將數字減低，自覺有長進則增加數字。最高分是十分。

後　序

本書所介紹的內容也稱爲能力、心象能力開發法。它是藉由操作心象而實現身心的健康。因此也稱爲心象法，這是我所提倡的ＳＲＳ能力開發法（Super Reading System）的技術的一部份。ＳＲＳ是以速讀能力爲入口的能開力發體系，它以情報的洪流來掌握人生，對情報的輸入、處理、輸出做改善之外，並以重建心世界爲主軸，基於提高生活內容、高度意識，朝向使人生獲致幸福爲目標。

ＳＲＳ的心象法是改善人所具有能力的各個層面的體系，它不僅提高全身的機能，也謀求提高心的機能。

在此，我想告訴大家的是，實行心象訓練並做速讀訓練時，會有顯著地相輔相乘效果。我自創的能力開發法中有八大部門（速讀法、速寫法、記憶法、心象法、瞑想法、氣功法、健康法、教育法）。其中ＳＲＳ速讀，獲得日本文部大臣認可的財團法人生涯學習開法財團的贊助，定期舉行速讀檢定。至一九九三年七月，已誕生了一百五十名具有速讀能力資格者。

自衛隊的幹部學校不僅將ＳＲＳ的訓練法納入正規受業中，在防衛大學甚至針對教官授課實習。而在東京大學、福島大學、東京理科大學、東京家政大學、文教女子短期大學、順天堂醫療短期大學、東京衛生學院等教育諸機關或參議院會館等，也舉行演講。在開成學園家長會、愛知教育大學附屬中學的同學會中也曾舉行演講。日本電器在其各個營業所定期地舉行企業内研修，而生產性本部、東芝中央研究所、神鋼 HumanCreat 、電通等各個公司企業中也舉行講習。我們在豐橋市及浦安市設有分部，各地的同好會有代表主幹事。同時，在讀賣文化中心、朝日文化中心、東大島文化中心及左記筆者所主持的教室中也進行指導。

對速讀法、心象訓練、健康法、能力開發法感興趣的人，請向左記住址連絡。我們將給您介紹通訊教材、錄影帶教材、教室内的指導等。

此外，我們還有定期的研修活動。同時，還有電腦通信的指導。

竭誠歡迎對本書的疑問的、感想及有關訓練成果的報告。

【洽詢地址】
東京都新宿區早稻田町12之5　NEW早稻田大廈6F
Super Education Acadamy （SEA）
電話　免費專線　〇一二〇—一〇七六〇七

大展出版社有限公司　圖書目錄

地址：台北市北投區11204
致遠一路二段12巷1號
郵撥：0166955～1
電話：(02) 8236031
8236033
傳眞：(02) 8272069

• 法律專欄連載 • 電腦編號 58

台大法學院
法律學系／策劃
法律服務社／編著

①別讓您的權利睡著了[1]	200元
②別讓您的權利睡著了[2]	200元

• 秘傳占卜系列 • 電腦編號 14

①手相術	淺野八郎著	150元
②人相術	淺野八郎著	150元
③西洋占星術	淺野八郎著	150元
④中國神奇占卜	淺野八郎著	150元
⑤夢判斷	淺野八郎著	150元
⑥前世、來世占卜	淺野八郎著	150元
⑦法國式血型學	淺野八郎著	150元
⑧靈感、符咒學	淺野八郎著	150元
⑨紙牌占卜學	淺野八郎著	150元
⑩ＥＳＰ超能力占卜	淺野八郎著	150元
⑪猶太數的秘術	淺野八郎著	150元
⑫新心理測驗	淺野八郎著	160元

• 趣味心理講座 • 電腦編號 15

①性格測驗１	探索男與女	淺野八郎著	140元
②性格測驗２	透視人心奧秘	淺野八郎著	140元
③性格測驗３	發現陌生的自己	淺野八郎著	140元
④性格測驗４	發現你的真面目	淺野八郎著	140元
⑤性格測驗５	讓你們吃驚	淺野八郎著	140元
⑥性格測驗６	洞穿心理盲點	淺野八郎著	140元
⑦性格測驗７	探索對方心理	淺野八郎著	140元
⑧性格測驗８	由吃認識自己	淺野八郎著	140元
⑨性格測驗９	戀愛知多少	淺野八郎著	140元

•青 春 天 地• 電腦編號17

①A血型與星座	柯素娥編譯	120元
②B血型與星座	柯素娥編譯	120元
③O血型與星座	柯素娥編譯	120元
④AB血型與星座	柯素娥編譯	120元
⑤青春期性教室	呂貴嵐編譯	130元
⑥事半功倍讀書法	王毅希編譯	150元
⑦難解數學破題	宋釗宜編譯	130元
⑧速算解題技巧	宋釗宜編譯	130元
⑨小論文寫作秘訣	林顯茂編譯	120元
⑪中學生野外遊戲	熊谷康編著	120元
⑫恐怖極短篇	柯素娥編譯	130元
⑬恐怖夜話	小毛驢編譯	130元
⑭恐怖幽默短篇	小毛驢編譯	120元
⑮黑色幽默短篇	小毛驢編譯	120元
⑯靈異怪談	小毛驢編譯	130元
⑰錯覺遊戲	小毛驢編譯	130元
⑱整人遊戲	小毛驢編著	150元
⑲有趣的超常識	柯素娥編譯	130元
⑳哦！原來如此	林慶旺編譯	130元
㉑趣味競賽100種	劉名揚編譯	120元
㉒數學謎題入門	宋釗宜編譯	150元
㉓數學謎題解析	宋釗宜編譯	150元
㉔透視男女心理	林慶旺編譯	120元
㉕少女情懷的自白	李桂蘭編譯	120元
㉖由兄弟姊妹看命運	李玉瓊編譯	130元
㉗趣味的科學魔術	林慶旺編譯	150元
㉘趣味的心理實驗室	李燕玲編譯	150元
㉙愛與性心理測驗	小毛驢編譯	130元
㉚刑案推理解謎	小毛驢編譯	130元
㉛偵探常識推理	小毛驢編譯	130元
㉜偵探常識解謎	小毛驢編譯	130元
㉝偵探推理遊戲	小毛驢編譯	130元
㉞趣味的超魔術	廖玉山編著	150元
㉟趣味的珍奇發明	柯素娥編著	150元
㊱登山用具與技巧	陳瑞菊編著	150元

•健 康 天 地• 電腦編號18

①壓力的預防與治療	柯素娥編譯	130元
②超科學氣的魔力	柯素娥編譯	130元
③尿療法治病的神奇	中尾良一著	130元
④鐵證如山的尿療法奇蹟	廖玉山譯	120元
⑤一日斷食健康法	葉慈容編譯	120元
⑥胃部強健法	陳炳崑譯	120元
⑦癌症早期檢查法	廖松濤譯	160元
⑧老人痴呆症防止法	柯素娥編譯	130元
⑨松葉汁健康飲料	陳麗芬編譯	130元
⑩揉肚臍健康法	永井秋夫著	150元
⑪過勞死、猝死的預防	卓秀貞編譯	130元
⑫高血壓治療與飲食	藤山順豐著	150元
⑬老人看護指南	柯素娥編譯	150元
⑭美容外科淺談	楊啟宏著	150元
⑮美容外科新境界	楊啟宏著	150元
⑯鹽是天然的醫生	西英司郎著	140元
⑰年輕十歲不是夢	梁瑞麟譯	200元
⑱茶料理治百病	桑野和民著	180元
⑲綠茶治病寶典	桑野和民著	150元
⑳杜仲茶養顏減肥法	西田博著	150元
㉑蜂膠驚人療效	瀨長良三郎著	150元
㉒蜂膠治百病	瀨長良三郎著	180元
㉓醫藥與生活	鄭炳全著	180元
㉔鈣長生寶典	落合敏著	180元
㉕大蒜長生寶典	木下繁太郎著	160元
㉖居家自我健康檢查	石川恭三著	160元
㉗永恒的健康人生	李秀鈴譯	200元
㉘大豆卵磷脂長生寶典	劉雪卿譯	150元
㉙芳香療法	梁艾琳譯	160元
㉚醋長生寶典	柯素娥譯	180元
㉛從星座透視健康	席拉・吉蒂斯著	180元
㉜愉悅自在保健學	野本二士夫著	160元
㉝裸睡健康法	丸山淳士等著	160元
㉞糖尿病預防與治療	藤田順豐著	180元
㉟維他命長生寶典	菅原明子著	180元
㊱維他命C新效果	鐘文訓編	150元
㊲手、腳病理按摩	堤芳郎著	160元
㊳AIDS瞭解與預防	彼得塔歇爾著	180元
㊴甲殼質殼聚糖健康法	沈永嘉譯	160元
㊵神經痛預防與治療	木下眞男著	160元
㊶室內身體鍛鍊法	陳炳崑編著	160元

㊷吃出健康藥膳	劉大器編著	180元
㊸自我指壓術	蘇燕謀編著	160元
㊹紅蘿蔔汁斷食療法	李玉瓊編著	150元
㊺洗心術健康秘法	竺翠萍編譯	170元
㊻枇杷葉健康療法	柯素娥編譯	180元
㊼抗衰血癒	楊啟宏著	180元

•實用女性學講座• 電腦編號 19

①解讀女性內心世界	島田一男著	150元
②塑造成熟的女性	島田一男著	150元
③女性整體裝扮學	黃靜香編著	180元
④女性應對禮儀	黃靜香編著	180元

•校 園 系 列• 電腦編號 20

①讀書集中術	多湖輝著	150元
②應考的訣竅	多湖輝著	150元
③輕鬆讀書贏得聯考	多湖輝著	150元
④讀書記憶秘訣	多湖輝著	150元
⑤視力恢復！超速讀術	江錦雲譯	180元

•實用心理學講座• 電腦編號 21

①拆穿欺騙伎倆	多湖輝著	140元
②創造好構想	多湖輝著	140元
③面對面心理術	多湖輝著	160元
④偽裝心理術	多湖輝著	140元
⑤透視人性弱點	多湖輝著	140元
⑥自我表現術	多湖輝著	150元
⑦不可思議的人性心理	多湖輝著	150元
⑧催眠術入門	多湖輝著	150元
⑨責罵部屬的藝術	多湖輝著	150元
⑩精神力	多湖輝著	150元
⑪厚黑說服術	多湖輝著	150元
⑫集中力	多湖輝著	150元
⑬構想力	多湖輝著	150元
⑭深層心理術	多湖輝著	160元
⑮深層語言術	多湖輝著	160元
⑯深層說服術	多湖輝著	180元
⑰掌握潛在心理	多湖輝著	160元

⑱洞悉心理陷阱	多湖輝著	180元

・超現實心理講座・電腦編號 22

①超意識覺醒法	詹蔚芬編譯	130元
②護摩秘法與人生	劉名揚編譯	130元
③秘法！超級仙術入門	陸　明譯	150元
④給地球人的訊息	柯素娥編著	150元
⑤密教的神通力	劉名揚編著	130元
⑥神秘奇妙的世界	平川陽一著	180元
⑦地球文明的超革命	吳秋嬌譯	200元
⑧力量石的秘密	吳秋嬌譯	180元
⑨超能力的靈異世界	馬小莉譯	200元

・養 生 保 健・電腦編號 23

①醫療養生氣功	黃孝寬著	250元
②中國氣功圖譜	余功保著	230元
③少林醫療氣功精粹	井玉蘭著	250元
④龍形實用氣功	吳大才等著	220元
⑤魚戲增視強身氣功	宮　嬰著	220元
⑥嚴新氣功	前新培金著	250元
⑦道家玄牝氣功	張　章著	200元
⑧仙家秘傳袪病功	李遠國著	160元
⑨少林十大健身功	秦慶豐著	180元
⑩中國自控氣功	張明武著	250元
⑪醫療防癌氣功	黃孝寬著	250元
⑫醫療強身氣功	黃孝寬著	250元
⑬醫療點穴氣功	黃孝寬著	220元
⑭中國八卦如意功	趙維漢著	180元
⑮正宗馬禮堂養氣功	馬禮堂著	420元

・社會人智囊・電腦編號 24

①糾紛談判術	清水增三著	160元
②創造關鍵術	淺野八郎著	150元
③觀人術	淺野八郎著	180元
④應急詭辯術	廖英迪編著	160元
⑤天才家學習術	木原武一著	160元
⑥猫型狗式鑑人術	淺野八郎著	180元
⑦逆轉運掌握術	淺野八郎著	180元

⑧人際圓融術	澀谷昌三著	160元
⑨解讀人心術	淺野八郎著	180元
⑩與上司水乳交融術	秋元隆司著	180元

・精 選 系 列・電腦編號 25

①毛澤東與鄧小平	渡邊利夫等著	280元
②中國大崩裂	江戶介雄著	180元
③台灣・亞洲奇蹟	上村幸治著	220元
④7-ELEVEN高盈收策略	國友隆一著	180元
⑤台灣獨立	森　詠著	200元
⑥迷失中國的末路	江戶雄介著	220元
⑦2000年5月全世界毀滅	紫藤甲子男著	180元

・運 動 遊 戲・電腦編號 26

①雙人運動	李玉瓊譯	160元
②愉快的跳繩運動	廖玉山譯	180元
③運動會項目精選	王佑京譯	150元
④肋木運動	廖玉山譯	150元
⑤測力運動	王佑宗譯	150元

・銀髮族智慧學・電腦編號 28

①銀髮六十樂逍遙	多湖輝著	170元
②人生六十反年輕	多湖輝著	170元

・心 靈 雅 集・電腦編號 00

①禪言佛語看人生	松濤弘道著	180元
②禪密教的奧秘	葉逯謙譯	120元
③觀音大法力	田口日勝著	120元
④觀音法力的大功德	田口日勝著	120元
⑤達摩禪106智慧	劉華亭編譯	150元
⑥有趣的佛教研究	葉逯謙編譯	120元
⑦夢的開運法	蕭京凌譯	130元
⑧禪學智慧	柯素娥編譯	130元
⑨女性佛教入門	許俐萍譯	110元
⑩佛像小百科	心靈雅集編譯組	130元
⑪佛教小百科趣談	心靈雅集編譯組	120元
⑫佛教小百科漫談	心靈雅集編譯組	150元

⑬佛教知識小百科	心靈雅集編譯組	150元
⑭佛學名言智慧	松濤弘道著	220元
⑮釋迦名言智慧	松濤弘道著	220元
⑯活人禪	平田精耕著	120元
⑰坐禪入門	柯素娥編譯	120元
⑱現代禪悟	柯素娥編譯	130元
⑲道元禪師語錄	心靈雅集編譯組	130元
⑳佛學經典指南	心靈雅集編譯組	130元
㉑何謂「生」 阿含經	心靈雅集編譯組	150元
㉒一切皆空 般若心經	心靈雅集編譯組	150元
㉓超越迷惘 法句經	心靈雅集編譯組	130元
㉔開拓宇宙觀 華嚴經	心靈雅集編譯組	130元
㉕真實之道 法華經	心靈雅集編譯組	130元
㉖自由自在 涅槃經	心靈雅集編譯組	130元
㉗沈默的教示 維摩經	心靈雅集編譯組	150元
㉘開通心眼 佛語佛戒	心靈雅集編譯組	130元
㉙揭秘寶庫 密教經典	心靈雅集編譯組	130元
㉚坐禪與養生	廖松濤譯	110元
㉛釋尊十戒	柯素娥編譯	120元
㉜佛法與神通	劉欣如編著	120元
㉝悟（正法眼藏的世界）	柯素娥編譯	120元
㉞只管打坐	劉欣如編著	120元
㉟喬答摩・佛陀傳	劉欣如編著	120元
㊱唐玄奘留學記	劉欣如編著	120元
㊲佛教的人生觀	劉欣如編譯	110元
㊳無門關（上卷）	心靈雅集編譯組	150元
㊴無門關（下卷）	心靈雅集編譯組	150元
㊵業的思想	劉欣如編著	130元
㊶佛法難學嗎	劉欣如著	140元
㊷佛法實用嗎	劉欣如著	140元
㊸佛法殊勝嗎	劉欣如著	140元
㊹因果報應法則	李常傳編	140元
㊺佛教醫學的奧秘	劉欣如編著	150元
㊻紅塵絕唱	海　若著	130元
㊼佛教生活風情	洪丕謨、姜玉珍著	220元
㊽行住坐臥有佛法	劉欣如著	160元
㊾起心動念是佛法	劉欣如著	160元
㊿四字禪語	曹洞宗青年會	200元
51妙法蓮華經	劉欣如編著	160元

㊾根本佛教與大乘佛教	葉作森編	元

・經 營 管 理・電腦編號01

◎創新經營管理六十六大計（精）	蔡弘文編	780元
①如何獲取生意情報	蘇燕謀譯	110元
②經濟常識問答	蘇燕謀譯	130元
③股票致富68秘訣	簡文祥譯	200元
④台灣商戰風雲錄	陳中雄著	120元
⑤推銷大王秘錄	原一平著	180元
⑥新創意・賺大錢	王家成譯	90元
⑦工廠管理新手法	琪　輝著	120元
⑧奇蹟推銷術	蘇燕謀譯	100元
⑨經營參謀	柯順隆譯	120元
⑩美國實業24小時	柯順隆譯	80元
⑪撼動人心的推銷法	原一平著	150元
⑫高竿經營法	蔡弘文編	120元
⑬如何掌握顧客	柯順隆譯	150元
⑭一等一賺錢策略	蔡弘文編	120元
⑯成功經營妙方	鐘文訓著	120元
⑰一流的管理	蔡弘文編	150元
⑱外國人看中韓經濟	劉華亭譯	150元
⑲企業不良幹部群相	琪輝編著	120元
⑳突破商場人際學	林振輝編著	90元
㉑無中生有術	琪輝編著	140元
㉒如何使女人打開錢包	林振輝編著	100元
㉓操縱上司術	邑井操著	90元
㉔小公司經營策略	王嘉誠著	160元
㉕成功的會議技巧	鐘文訓編譯	100元
㉖新時代老闆學	黃柏松編著	100元
㉗如何創造商場智囊團	林振輝編譯	150元
㉘十分鐘推銷術	林振輝編譯	180元
㉙五分鐘育才	黃柏松編譯	100元
㉚成功商場戰術	陸明編譯	100元
㉛商場談話技巧	劉華亭編譯	120元
㉜企業帝王學	鐘文訓譯	90元
㉝自我經濟學	廖松濤編譯	100元
㉞一流的經營	陶田生編著	120元
㉟女性職員管理術	王昭國編譯	120元
㊱ＩＢＭ的人事管理	鐘文訓編譯	150元
㊲現代電腦常識	王昭國編譯	150元

㊳電腦管理的危機	鐘文訓編譯	120元
㊴如何發揮廣告效果	王昭國編譯	150元
㊵最新管理技巧	王昭國編譯	150元
㊶一流推銷術	廖松濤編譯	150元
㊷包裝與促銷技巧	王昭國編譯	130元
㊸企業王國指揮塔	松下幸之助著	120元
㊹企業精銳兵團	松下幸之助著	120元
㊺企業人事管理	松下幸之助著	100元
㊻華僑經商致富術	廖松濤編譯	130元
㊼豐田式銷售技巧	廖松濤編譯	180元
㊽如何掌握銷售技巧	王昭國編著	130元
㊿洞燭機先的經營	鐘文訓編譯	150元
52新世紀的服務業	鐘文訓編譯	100元
53成功的領導者	廖松濤編譯	120元
54女推銷員成功術	李玉瓊編譯	130元
55ＩＢＭ人才培育術	鐘文訓編譯	100元
56企業人自我突破法	黃琪輝編著	150元
58財富開發術	蔡弘文編著	130元
59成功的店舖設計	鐘文訓編著	150元
61企管回春法	蔡弘文編著	130元
62小企業經營指南	鐘文訓編譯	100元
63商場致勝名言	鐘文訓編譯	150元
64迎接商業新時代	廖松濤編譯	100元
66新手股票投資入門	何朝乾　編	180元
67上揚股與下跌股	何朝乾編譯	180元
68股票速成學	何朝乾編譯	180元
69理財與股票投資策略	黃俊豪編著	180元
70黃金投資策略	黃俊豪編著	180元
71厚黑管理學	廖松濤編譯	180元
72股市致勝格言	呂梅莎編譯	180元
73透視西武集團	林谷燁編譯	150元
76巡迴行銷術	陳蒼杰譯	150元
77推銷的魔術	王嘉誠譯	120元
7860秒指導部屬	周蓮芬編譯	150元
79精銳女推銷員特訓	李玉瓊編譯	130元
80企劃、提案、報告圖表的技巧	鄭　汶　譯	180元
81海外不動產投資	許達守編譯	150元
82八百件的世界策略	李玉瓊譯	150元
83服務業品質管理	吳宜芬譯	180元
84零庫存銷售	黃東謙編譯	150元
85三分鐘推銷管理	劉名揚編譯	150元

⑧⑥推銷大王奮鬥史	原一平著	150元
⑧⑦豐田汽車的生產管理	林谷燁編譯	150元

•成功寶庫•電腦編號 02

①上班族交際術	江森滋著	100元
②拍馬屁訣竅	廖玉山編譯	110元
④聽話的藝術	歐陽輝編譯	110元
⑨求職轉業成功術	陳　義編著	110元
⑩上班族禮儀	廖玉山編著	120元
⑪接近心理學	李玉瓊編著	100元
⑫創造自信的新人生	廖松濤編著	120元
⑭上班族如何出人頭地	廖松濤編著	100元
⑮神奇瞬間瞑想法	廖松濤編譯	100元
⑯人生成功之鑰	楊意苓編著	150元
⑲給企業人的諍言	鐘文訓編著	120元
⑳企業家自律訓練法	陳　義編譯	100元
㉑上班族妖怪學	廖松濤編著	100元
㉒猶太人縱橫世界的奇蹟	孟佑政編著	110元
㉓訪問推銷術	黃静香編著	130元
㉕你是上班族中強者	嚴思圖編著	100元
㉖向失敗挑戰	黃静香編著	100元
㉙機智應對術	李玉瓊編著	130元
㉚成功頓悟100則	蕭京凌編譯	130元
㉛掌握好運100則	蕭京凌編譯	110元
㉜知性幽默	李玉瓊編譯	130元
㉝熟記對方絕招	黃静香編譯	100元
㉞男性成功秘訣	陳蒼杰編譯	130元
㊱業務員成功秘方	李玉瓊編著	120元
㊲察言觀色的技巧	劉華亭編著	130元
㊳一流領導力	施義彥編譯	120元
㊴一流說服力	李玉瓊編著	130元
㊵30秒鐘推銷術	廖松濤編譯	150元
㊶猶太成功商法	周蓮芬編譯	120元
㊷尖端時代行銷策略	陳蒼杰編著	100元
㊸顧客管理學	廖松濤編著	100元
㊹如何使對方說Yes	程　羲編著	150元
㊺如何提高工作效率	劉華亭編著	150元
㊼上班族口才學	楊鴻儒譯	120元
㊽上班族新鮮人須知	程　羲編著	120元
㊾如何左右逢源	程　羲編著	130元

國家圖書館出版品預行編目資料

啓發身心潛力心象訓練法／栗田昌裕著；李玉瓊譯
－－初版－－臺北市；大展．民85
面；　公分，－（超現實心靈講座；13）
譯自：驚異のイメージ訓練法
ISBN　957-557-617-9（平裝）

1.意識

176.9　　85006325

ISBN 957-557-617-9

啓發身心潛力心象訓練法

原著者／栗田昌裕
編譯者／李　玉　瓊
發行人／蔡　森　明
出版者／大展出版社有限公司
社　址／台北市北投區（石牌）
致遠一路二段12巷1號
電　話／(02) 8236031・8236033
傳　眞／(02) 8272069
郵政劃撥／0166955－1
登記證／局版臺業字第2171號
承印者／國順圖書印刷公司
裝　訂／嶸興裝訂有限公司
排版者／千賓電腦打字有限公司
電　話／（02）8836052
初　版／1996年（民85年）8月
定　價／180元

大展好書 好書大展

大展好書 好書大展